KB253774

두뇌가동률을 높여라

두뇌가동률을 높여라

두뇌 가동률을 높여라

공병호의 실전 두뇌경영 비결 50

공병호 지음

차례

제2부 새로운 정보를 효과적으로 입력하는 방법

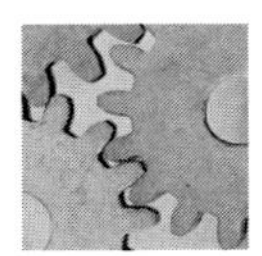

 당 신 의 두 뇌 가 동 률 은 ?

'잘살고 싶다.'

'행복하고 싶다.'

부(富)와 행복 가운데 두뇌와 관련되지 않은 것이 있을까?

여러분은 두뇌에 대해서 얼마나 알고 있는가? 두뇌를 얼마나 잘 개발하고 있는가? 두뇌를 얼마나 제대로 이용하고 있는가?

세 가지 질문에 자신 있게 '그렇다'고 대답할 수 있는 사람은 아마 몇 안 될 것이다. 다들 그냥 지금까지 해왔던 것처럼 습관적으로 사용한다.

나는 강연장에서 이따금 참석자들에게 이런 질문을 한다.

"여러분은 자신의 두뇌 잠재력 가운데 몇 퍼센트나 사용하고 있습니까? 그러니까 두뇌가동률이 얼마나 되지요?"

10퍼센트 이하라고 답하는 사람이 대부분이다. 이따금 20퍼센트나 30퍼센트라고 답하는 사람들도 있지만, 가뭄에 콩 나기만큼이나 드물다.

두뇌를 연구하는 전문가들은 많은 사람이 두뇌 기능 가운데 2퍼센트, 잘해야 10퍼센트 정도만 사용하고 있다고 한다. 이들의 연구 결과는 과장된 것이 아니다. 나는 오히려 '빙산의 일각'이라고 표현하고 싶다. 정말 사람들은 두뇌 기능 가운데 아주 적은 부분만을 사용하면서 살아간다.

만약 공장가동률이 10퍼센트나 20퍼센트라고 가정해보자. 그것은 파산 상태를 의미한다. 어떤 공장이 가동률 10퍼센트나 20퍼센트로 돌아갈 수 있는가? 불황기에 가동률이 70퍼센트 정도로만 떨어져도 그들은 생존이 걸렸다고 야단법석을 떤다. 그러나 놀랍게도 많은 사람이 두뇌에 관한 한 파산 상태 혹은 부도 상태로 살아가고 있으면서도 그것이 문제라고 생각하지 않는다.

두뇌를 이해하면 이해할수록, 두뇌를 사용하면 할수록, 두뇌를 발전시키기 위해 노력하면 할수록 정말 오묘한 것이라는 생각이 든다. 그리고 우리가 원하는 부자, 성공, 행복을 이루기 위해서라도 두뇌에 대해서 좀더 애정을 가져야 한다. 즉, 두뇌의 기능을 제대로 이해하고 더욱 멋지게 사용할 수 있는 방법을 연구해야 한다. 그리고 두뇌가동률을 높일 수 있는 좋은 방법을 찾기라도 하면 즉시 실

 두뇌가동률을 높여라

천에 옮겨야 한다.

두뇌에 제대로 투자한다면 개인도, 가정도, 조직도, 국가도 크게 성장할 수 있다. 인생이라는 게임에서 적은 투자로 큰 결과를 얻을 수 있는 방법은 '두뇌 제대로 활용하기'에 달려 있다. 세상은 점점 무형의 자산이 지배하는 곳으로 바뀌고 있다. 당신이 가진 최고의 자산인 두뇌를 한껏 활용할 수 있도록 해보자.

내가 이 책을 쓰기로 마음먹은 것은 누구나 갖고 있는 자신의 두뇌를 한번 제대로 사용해보자는 생각 때문이었다. 없는 것을 만들어내는 것은 힘든 일이지만, 있는 것을 제대로 사용하는 것은 쉬운 일이지 않는가.

그래서 나는 독자들에게 이제부터 잔머리 굴리기는 그만 두고, 제대로 가치를 일구어낼 수 있는 굵은 머리를 돌리는 노력을 함께 하자고 권한다. 그 결과는 분명히 돈이든, 행복이든 실용적인 이익을 듬뿍 안겨 줄 것이다.

이 책에는 그 동안 내가 이런 저런 시행착오를 경험하면서 얻은 두뇌경영에 관한 노하우가 고스란히 담겨 있다. 제1부에는 두뇌가동

률을 1% 올리는 38가지 방법이, 제2부에는 두뇌에 정보를 효과적
으로 입력하는 12가지 방법이 소개되어 있다. 참조하되 여러분은
자신에게 맞는 훨씬 나은 버전을 만들어내기 바란다.

내게 맞는 두뇌경영 비결을 찾아라

제1부

두뇌가동률 1% 높이는 방법

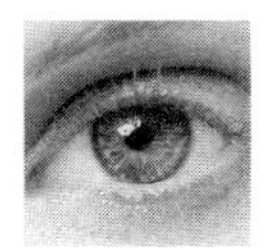

01 　 새 로 운　시 각 으 로　접 근 한 다

"저는 두뇌를 공장이라고 생각합니다. 그것도 부가가치를 만들어 내는 공장 말입니다. 저는 무엇과도 바꿀 수 없는 중요한 공장을 지니고 다닙니다. 그리고 두뇌에 관한 한 저는 스스로 공장장이라 굳게 믿습니다. 여기에 공(孔) 공장장이 서서 두뇌 공장을 이용하여 강연하고 있다고 생각해보십시오."

내가 강연 도중에 두뇌를 손으로 가리키며 청중들에게 한 말이다. 사물을 새로운 관점에서 바라보는 일은 언제나 중요하다. 공장은 어떤 곳인가? 날로 치열해지는 경쟁에서 이기기 위해 끊임없는 혁신과 개선이 이루어지는 곳이다. 그리고 대다수 사람들은 이러한 혁신과 개선을 생활의 일부분이라고 믿는다. 이런 믿음을 받아들이지 않는 사람은 아마 없을 것이다. 그래서 의욕이 넘치는 경영자나 임직원들은 항상 "어떻게 하면 공장의 효율성을 높일 수 있을까?"라는 질문을 한다.

내가 '두뇌는 공장이다' 라는 믿음을 갖고 사는 데는 바로 이 점 때문이다. 다시 말해 두뇌는 공장처럼 철저한 혁신과 개선이 이루어질 수 있으며, 또 그렇게 되어야만 한다.

"어떻게 혁신할 수 있을까?" "어떻게 개선할 수 있을까?" 과연 두뇌에 대해서 이런 질문을 하면서 사는 사람이 몇이나 될까? 우리는 '두뇌는 심장과 더불어 신체에 붙어 있는 중요한 장기 가운데 하나로, 나이가 들면서 점점 굳어진다'라는 고정관념을 갖고 살아간다. 그렇게 믿는 한 두뇌를 제대로 사용하기가 쉽지 않다.

그렇다면 두뇌라는 공장은 어떤 특징을 갖고 있는가?

1. 성인의 두뇌는 크기가 자몽만하며 무게는 약 1.3킬로그램이다.

2. 두뇌 전역에 정보를 전달하는 뉴런(신경세포)은 총 1조 개나 되며, 두뇌의 핵심 부분인 대뇌피질(두뇌 외부의 주름진 표피로 쪼글쪼글한 호두 모양)에만 약 300억 개의 뉴런이 있다.

3. 두뇌 속의 뉴런은 각각 하나 이상의 연결고리를 갖고 있으며 다른 것들과 의사 소통할 수 있는 잠재력이 있다. 그리고 연결고리의 총 수는 약 1000조 개로, 10의 백만 승이나 되는 엄청난 회로가 두뇌를 빽빽하게 채우고 있다.

   두뇌가동률을 높여라

4. 뉴런과 뉴런을 연결하는 시냅스를 초당 한 개씩 셀 수 있다 하더라도 모두 셈하려면 약 3200만 년 넘게 걸린다.

5. 두뇌는 언어, 말하기, 쓰기, 계산 등 논리영역을 담당하는 좌뇌와 비언어적 사고, 공간적 구조, 감성 등을 담당하는 우뇌로 나뉘며 두 부분은 뇌량으로 연결되어 있다. 좌뇌와 우뇌가 서로 다른 기능을 갖고 있긴 하지만 두뇌는 각 부분이 전체 기능에 기여하는 통합된 구조물, 즉 하나의 네트워크망으로 이해할 수 있다.

6. 뉴런은 20세를 정점으로 매일 약 5만 개가 사라진다. 그러나 두뇌 속의 연결 회로는 개인이 두뇌를 어떻게 활용하고 있느냐에 따라서 대단히 가변적이다.

이처럼 엄청나다고 표현할 수밖에 없는 공장을 여러분은 하나씩 지니고 있다. 두뇌 속의 연결망, 즉 도로망을 어떻게 만들어 가느냐는 인간의 생각, 습관, 의지, 호기심. 노력 등으로 결정된다.

두뇌는 고정된 것이 아니다. 당신은 매일 두뇌의 연결망, 즉 도로망을 만들어 가고 있다. 두뇌를 열심히 사용하면 도로망은 더욱더 촘촘해질 것이고 반면 두뇌를 사용하지 않고 방치해두면 도로망을 유지, 관리, 보수하지 않는다는 의미이므로 느슨해질 것이다.

그런데 의외로 많은 사람이 이 명백한 사실을 절실하게 받아들이지 않는다. 사람들은 운동을 하면 몸이 건강해진다는 사실은 인정하면서도 두뇌 역시 운동이 필요하다는 사실은 깨닫지 못한다. 두뇌는 사용하면 할수록 그리고 도전받으면 받을수록 개선되는 대단히 역동적인 구조물이다. 그 구조물을 어떻게 만들어 가느냐는 결국 당신 자신이 책임져야 하는 일이다. 생각에 대한 많은 시를 남긴 영국 태생의 시인 제임스 앨런은 이런 말을 하였다.

"우리는 오늘 우리의 생각이 데려다 놓은 자리에 존재한다. 우리는 내일 우리의 생각이 데려다 놓을 자리에 존재할 것이다."

생각, 그것은 바로 두뇌 활용하기의 한 부분이다. 지금 이 순간에도 나 자신을 어떻게 만들어 가고 있는가를 생각해보자. 그 출발점은 '두뇌는 공장이다' 라는 굳은 믿음에서 시작해야 한다.

두뇌는 공장이고 당신은 공장장이다

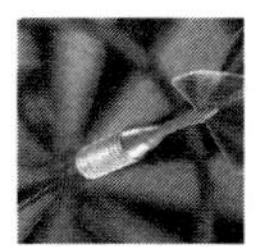

02   목 표 가 두 뇌 를 움 직 인 다

원래 미사일(missile)은 '물건을 나르는 도구'를 뜻하였다. 하지만 오늘날 미사일은 발사하는 주체가 지시해준 목표물을 겨냥해서 방향과 속도를 자체적으로 수정하면서 목표물을 명중시키는 기능을 가진 미사일, 즉 유도미사일(Guided Missile)을 뜻한다.

두뇌의 중요한 기능은 '생각을 행하는 도구'다. 그런데 이 도구가 효과적으로 작업하기 위해서는 뚜렷한 목표가 있어야 한다. 뚜렷한 목표는 미사일의 유도장치처럼 두뇌가 목표 달성에 필요한 해법을 내놓도록 이끌기도 하고 독려하기도 한다. 따라서 목표가 주어지지 않으면 두뇌가 문제 해결을 위해서 적극적으로 작동될 가능성은 아주 낮다.

두뇌는 분명한 목표가 주어지면 문제 해결을 위해 움직이기 시작한다. 명령을 수행하는 과정에서 현안 과제에 대한 해결책을 내놓을 수도 있고 예상하지 못한 아이디어를 만들어낼 수도 있다. 그러므로 두뇌를 적극적으로 사용하는 데 관심이 있는 사람이라면 어떻게 하면 두뇌에 효과적이고 강력한 명령을 반복하여 내릴 것인가에 관심을 두어야 한다. 그리고 목표를 정할 때는 네 가지 원칙을 염두에 두어야 한다. 현재형으로 쓸 것, 긍정문으로 쓸 것, 구체적으로 쓸 것, 야심적으로 설정할 것.

나는 목표를 글로 정리해서 가지고 다닌다. 작업을 하는 동안에도 나의 눈앞에는 오늘 달성해야 할 목표가 항상 걸려 있다. 그래서 하루에 수십 번 목표를 보게 된다. 뿐만 아니라 나 자신에게 계속해서 목표 달성을 독려한다. 다시 말해 나의 두뇌에게 계속적으로 과제를 주는 셈이다.

또한 나는 목표를 반복해서 두뇌에 입력하는 것을 매우 중요시 여긴다. 예를 들어 차를 운전할 때조차 목표를 반복해서 다짐한다. '주님은 항상 나와 함께 하신다'는 크리스천들의 경구(警句)를 이용하면 '목표는 항상 나와 함께 하신다'고 말할 수 있다. 언제, 어디서나 항상 목표가 당신과 함께 하도록 하라.

"오늘 당신이 이루어야 할 일은 이런 저런 것입니다. 올 한 해 동안 당신이 달성해야 할 목표는 이런 저런 것입니다. 일생을 통해서 당신이 추구해야 하는 것은 이런 저런 것입니다."

마치 주문처럼 반복해서 두뇌에게 들려주고 다짐하는 것이다. 위와 같은 명령어를 적절히 사용하는 것만으르 두뇌가동률을 상당히 상승시킬 수 있다.

어떤 분야이건 탁월한 업적을 만들어내는 사람들이 있다. 그들을 자세히 살펴보면 그들에게는 철저한 '목표관리'라는 비밀이 숨어 있다는 것을 알 수 있다.

명쾌하고 단호한 명령어가 주어지지 않는 한 두뇌는 그냥 생각만 할 뿐 그곳에서 문제 해결을 위한 생산적인 대안을 내놓을 수 없다. 따라서 목표는 구체적이고 도전적이어야 한다. 최대한 노력해도 이루어질까 말까 할 정도의 원대한 목표를 끊임없이 자신에게 부과해야 한다. 신기한 점은 두뇌는 그런 야심찬 목표가 주어지면 척척 해결해 나간다는 것이다. 그래서 나는 목표를 반복해서 들려주고, 두뇌를 적극적으로 이용하는 요령을 터득하여 완전한 습관으로 만들라고 권하고 싶다.

우선 당장 두뇌를 효과적으로 움직이고 싶다면 매일 매일 무엇을 할 것인가를 메모하는 습관을 들여야 한다. 내가 신봉하는 '오늘

해야 할 일 리스트'를 작성하는 일은 두뇌에게 과제를 부과하는 첫 번째 일이 될 수 있을 것이다. 과제가 부과되면 두뇌는 쉬지 않고 과제 해결을 위한 방법을 찾아 나선다. 작업을 하다 보면 잠시 쉬는 시간조차 이미 주어진 뚜렷한 목표에 대한 해법을 찾기 위해 분주하게 움직이는 두뇌를 느낄 수 있다.

깨어 있는 시간에는 의식의 세계를 통해서, 잠자는 시간에는 잠재 의식의 세계를 통해서 현안 과제를 해결하는 해법을 찾는 데 여념이 없다.

좀더 자신의 두뇌를 최고의 수준으로 올리고 싶다면 하루하루의 목표를 정할 뿐만 아니라 어떤 일을 할 때도 그 프로젝트를 달성해야 할 시간이나 목표를 제공하여 두뇌에게 더욱 강력한 자극을 주어야 한다. 나는 도저히 달성할 수 없을 것 같은 과제, 도저히 불가능한 목표를 놀랍게도 두뇌가 해결해 나가는 경험을 아주 빈번히 하였다. 이것은 바로 목표를 적극적으로 이용하면서 얻을 수 있는 일이다.

이처럼 두뇌를 활용하는 성공 습관들이 축적되기 시작하면 자기 자신이 변화해가는 것을 느낄 수 있을 것이다. 즉, 두뇌가 문제 해결을 위한 거의 대부분의 대안을 이미 갖고 있다는 믿음을 갖게 된다. 일단 이런 경지에 들어서면 그 사람은 대단히 도전적이고 적극적인 인물로 변화한다.

지금 우리가 살아가는 이 시대는 이런 인물을 원한다. 불확실함과 모호함 속에서 스스로 문제를 정의하고 그 문제에 대한 대안을 찾아내는 사람 말이다. 이런 점에서 보면 두뇌에게 끊임없이 목표를 제공하고 두뇌를 신뢰하고 두뇌가 최선을 다해 문제 해결책을 찾을 수 있도록 독려해야 한다.

목표를 이용해서 두뇌를 활용하는 것은 특별한 사람의 업무가 아니다. 그러므로 당장 목표관리를 시작하라. 그래서 두뇌의 엄청난 잠재력을 사용해보라.

뚜렷하고 야심찬 목표를 두뇌에게 끊임없이 제시하라

03　　질문이 힘이다

두뇌는 목표를 겨냥해서 움직이는 유도미사일이기도 하지만 질문에 따라 움직이는 유도미사일이기도 하다. 언제 어디서나 의문을 갖고 적극적으로 묻지 않으면 두뇌는 문제 해결을 위해 결코 노력하지 않는다.

매우 평범한 진리 같지만 깨우치지 않으면 아무런 소용이 없다. 그러므로 이 진리를 자신의 생활 습관으로 굳건하게 뿌리내리도록 해야 한다. 언제 어디서나 세상 만사를 경이로움과 신기함의 대상으로 바라보라. 그리고 '이제 더 이상 기회가 없다. 위기뿐이다' 라는 패배주의적인 사고를 날려 버려라. 세상을 바라볼 때 자신의 목표를 달성하는 기회가 곳곳에 널려 있다는 시각으로 바라보라.

'왜, 그럴까?'

'정말 신기한데…….'

'좀더 나은 방법은 없을까?'

'고객이 불편하지 않을까?'

'이렇게 저렇게 해보면 어떨까?'

이런 질문들이 끊임없이 쏟아져 나을 수 있도록 노력해보자. 그래야 두뇌가 당신에게 새로운 아이디어를 제공한다. 물론 이것이 쉬운 일만은 아니다. 나는 가끔 기업체나 여러 단체에 강연을 하러 나간다. 강연을 마무리하고 나면 질문 시간이 있는데 자발적이고 적극적으로 질문하는 사람들이 매우 드물다. 물론 공개 장소에서 하는 질문과 개인적으로 자신에게 하는 질문이 반드시 일치하지는 않을 것이다. 그렇다고 하더라도 많은 사람이 질문을 하는 데 익숙하지 않다. 특히 나이를 먹어갈수록, 지위가 올라갈수록 질문하는 횟수는 점점 줄어들게 된다.

그만큼 두뇌를 활용하지 않는다고 이해할 수 있다. 달리 이야기하면 두뇌로 하여금 문제 해결을 위해 노력하도록 적극 요구하지 않는다는 것이다. 묻지 않으면 두뇌는 문제 해결을 위해 노력하지 않는다. 이 평범한 진리를 늘 가슴 깊이 새겨야 한다.

나는 틈만 나면 두뇌에게 여러 가지 질문을 던진다.

"어이, 공(孔) 군, 이것 어떻게 생각해!"

"어떻게 물건을 이렇게밖에 만들지 못할까, 누가 이런 물건을 만들었지. 나라면 이렇게 만들 텐데……."

지나가는 사람이 혹시 나를 보면 이상한 사람이라고 여길 정도로 중얼중얼 묻고 또 묻는다. 창작을 하는 사람들이 그렇듯이 나는 혼자서 지내는 시간이 많다. 내가 정의한 대로 '1인기업가'여서 더더욱 그렇다. 그래서 이따금 주변 사람들이 심심하지 않는지, 외롭지 않는지 시시콜콜 걱정을 해준다. 그런데 고백하건대 나는 너무너무 분주하게 보낸다.

왜? 두뇌가 감당할 수 없을 정도로 다양한 질문 공세를 항상 퍼붓고 있기 때문이다. 그런데 두뇌가 감당할 수 없을 정도의 질문은 없다고 생각한다. 두뇌는 거의 한계가 없을 정도로 질문 처리 능력이 있다는 사실을 경험을 통해서 굳게 믿고 있다.

내가 질문을 할 때마다 경험하는 것은 두뇌는 주어진 명령이 떨어지고 나서야 비로소 헌신적으로 뛰기 시작하는 충직한 하인과 같은 존재라는 것이다.

언젠가 가토 마사하루 씨가 쓴 『생각의 도구』라는 책을 읽은 적이 있다. "당신의 뇌는 언제나 질문에 답할 준비가 되어 있다. 아이디어가 막히면, 꽉 막히면 질문, 질문을 계속하라. 당신의 뇌는 반드시 대답해줄 것이다"는 내용이었는데, 질문을 통한 두뇌 활용법의 핵심을 지적하고 있었다.

나는 책을 읽을 때도 어김없이 질문을 한다. 어떤 저자가 쓴 책이라 하더라도 글을 읽기만 하는 것이 아니라 글을 보면서 끊임없이 질문을 던진다. 그리고 중요한 부분이라고 생각되면 줄을 긋고 잠시 쉬면서 또 질문을 던진다. 그럴 때마다 두뇌가 쌩쌩 달려가는 느낌을 받는다.

질문 공세는 나 자신에게만 국한되는 게 아니다. 지위 고하를 막론하고 나는 누구를 만나든지 그가 종사하는 분야에서는 나보다 훨씬 앞선 전문가라고 가정한다. 그래서 아예 내놓고 질문을 한다.

"요즘 업계의 가장 큰 현안 과제는 무엇인가요?"

"그 과제를 어떻게 해결하고 있나요?"

"그렇게 했을 때 발생하는 문제는 없나요?"

"이런 것을 실천에 옮기면 어떨까요?"

이런 질문들이 꼬리에 꼬리를 물고 이어지다 보면 두 가지 일이 두뇌 속에서 이루어진다. 하나는 새로운 정보를 입력하는 것이다. 다른 하나는 새롭게 입력한 정보와 최근에 내가 갖고 있는 질문 사이에 정보의 결합과 창조가 동시에 이루어진다. 그래서 나는 정말 사는 것이 즐겁다. 왜냐하면 내 두뇌를 쌩쌩 돌리는 방법을 터득하였기 때문이다. 이처럼 질문만 제대로 할 수 있어도 당신의 두뇌가동률을 확실히 올릴 수 있다. 물론 그곳에 부자 되는 비결이 숨어 있을 수도 있다.

그리고 나는 작업실에서 일하다가도 조금만 짬이 나면 가만히 앉아 있지 않는다. 일어나 보기도 하고, 소파에 앉아 보기도 하고, 걸어 보기도 한다. 단순히 사물이나 현상을 바라보는 방향을 바꾸기만 해도 질문과 함께 호기심이 자연스럽게 생겨난다는 사실을 경험으로 터득하였기 때문이다.

항상 묻고 또 물어라

04 연결고리를 찾는다

사람은 누구나 성공하기를 원한다. 자본주의 세계에서 의미하는 성공이란 사람마다 다를 수 있다. 어떤 사람은 부유함을, 어떤 사람은 명성을, 또 다른 사람은 보람을 얻고자 할 수 있다. 그러나 많은 사람이 점점 더 부자가 되고 싶어한다는 사실을 무시할 수는 없다. 무력을 사용하지 않고 부자가 되는 길은 고객을 철저히 감동시키는 것이다.

고객을 감동시키는 상품이나 서비스는 도대체 어떻게 만들어내는 것일까? 고객의 욕구와 수요를 읽어내는 것은 거의 예술의 경지에 비유할 수 있다. 과학에는 법칙이 있다. 그러나 예술에는 처음부터 매뉴얼이나 법칙이 존재하지 않는다. 그래서 우리는 고객의 필요와 욕구를 읽어내는 법을 경험을 통해서 터득할 수밖에 없다.

그 방법은 무엇일까? 당신의 두뇌 속에 가득 차 있는 정보들의 연결고리를 찾아내는 것이다. 정보와 정보를 연결하는 능력은 고객의 필요와 욕구를 이해하고 찾아내는 데 큰 힘을 제공한다. 물론 연결고리를 찾는 데는 충분한 정보가 두뇌에 입력되어 있다는 전제조건이 필요하다. 참고로 정보를 두뇌에 효과적으로 입력하는 방

법은 제2부에서 다루고 있다.

연결고리를 찾는 능력은 우리가 흔히 말하는 암기 능력과는 다르다. 암기 능력이 입력에 치우치는 데 반해서 연결고리를 찾는 능력은 입력된 정보를 적극적으로 응용하는 것과 관련되기 때문이다. 두뇌 연구 분야에서 훌륭한 학자로 그리고 저술가로 명성을 얻어온 리처드 레스탁은 두뇌의 연결 능력에 대해서 다음과 같이 말한다.

"네트워킹은 인간 두뇌의 기본적인 작동 원리입니다. 두뇌 속의 모든 지식은 네트워킹에 의해 생겨납니다. 모든 개별 정보는 잠재적으로 다른 어떤 정보와도 연결될 수 있습니다. 사실 창의력은 진기하고 독창적인 연결 능력이라고 할 수 있습니다."

저자의 이야기 가운데 우리가 가장 주목해야 할 대목은 '창의력은 진기하고 독창적인 연결 능력'이라는 부분이다.

한편 역사물의 저술가로 저명한 제임스 버크는 연결 능력을 '핀볼 효과(Pinball Effect)'라고 하였다. 즉, 과학이나 기술 분야에서 아이디어를 발견한다는 것은 고립된 섬과 같은 상태에서 나오는 것이 아니라 어떤 형태로든지 간에 다른 아이디어를 발견하는 것과 연결됨으로

써 만들어진다. 따라서 그는 "제한된 전문 기술보다는 지식과 지식의 사용법에 대한 다양한 사고를 훈련해야 한다"고 제안하기도 한다. 두 사람 모두 연결 능력을 확장시키는 사람일수록 더욱더 창의적인 사람임을 지적하고 있다. 이는 어떤 분야에서 일하고 있든지 간에 매우 중요하다. 특히 비즈니스 세계에서 연결 능력은 사업 기회를 포착할 때 결정적인 역할을 한다. 여러분은 스스로 입력된 정보들을 연결하는 능력을 발전시켜 나가야 한다. 그래서 사고의 뚜렷한 습관의 하나로 만들어야 하며 크게 의식적으로 노력하지 않더라도 거의 자동으로 나오는 행동이 되도록 해야 한다.

그러면 연결 능력을 어떻게 발달시킬 수 있을까? 그냥 무감각하게 생활해서는 안 된다. 우선 고객과 관련된 질문을 자주 해야 한다. 요즘 나의 고객은 무엇을 원할까? 어떤 면이 불편할까? 내가 도와줄 수 있는 길은 무엇일까? 왜 고객은 저렇게 행동하고 사고할까? 이런 질문을 끊임없이 해야 한다.

그러면 당신의 두뇌는 하나의 묵직한 숙제를 안고 있는 셈이다. 이런 질문이 반복되면 두뇌는 이미 입력된 정보를 검색할 것이다. 만

일 입력된 정보가 없다면 관련된 정보를 주위에서 구하기 위해 작동할 것이다.

이따금 경험하는 놀라운 사실은 오래 전에 입력된 정보가 특정 문제를 생각하는 순간 혹은 목격하는 순간 불현듯 떠올라서 두 가지 정보가 거의 실시간으로 연결고리를 만들어낸다는 것이다. 이런 경험을 하다 보면 두뇌가 시간과 공간 개념을 거의 무한대에 가까울 정도로 확장할 수 있다는 생각을 하게 된다.

연결 능력을 강화하는 또 한 가지 방법은 자주자주 시간을 내어 앞에서 나온 문제와 두뇌 속에 입력된 정보를 의도적으로 연결하는 것이다. 그리고 흰 백지에 스케치나 간단한 메모를 해가면서 의도적으로 문제 해결책을 고안해내기 위해 머리를 쓰는 것도 도움이 될 것이다. 또한 틈틈이 생활의 속도를 늦추고 한가하게 앉아서 현안 과제와 두뇌 속의 입력 정보 사이의 연결고리를 찾는 게임을 하는 것도 도움이 될 것이다.

연결고리를 찾아서 재창조하라

05   40대부터 뇌는 급속도로 좋아진다

간혹 30대나 40대에 이미 중늙은이가 되어 버린 사람을 만날 때가 있다. 그들은 마치 세상을 다 산 것과 같은 무표정, 의욕 없는 태도, 그리고 지친 마음으로 살아간다. '이제 더 이상 새로운 것을 익히는 것은 불가능하다'고 스스로 믿어 의심치 않는 사람들이다.

그런 사람들을 만날 때마다 나는 그 동안의 경험을 바탕으로 설득해왔다. 경험이 나에게 가르쳐준 것은 단순하다. 상식이나 통념과 달리 두뇌 능력, 특히 연결 능력은 30대부터 서서히 빛을 발휘하기 시작한다. 그리고 이런 저런 경험들이 꾸준히 축적되다 보면 40대에 두뇌의 연결 능력은 더욱 큰 힘을 발휘한다. 그래서 나는 누가 뭐라 해도 진짜 인생은 40대부터라고 믿는다.

20대는 시험, 졸업 그리고 학위가 지배하는 시기다. 이것저것 생각할 여력이 없다. 기존의 정보와 지식을 익히고 암기하는 데 대부분의 시간과 에너지를 쏟는다. 연결 능력을 한껏 발휘할 수 있는 기회가 별로 없다. 사실 20대까지는 암기 능력이 중요하기도 하다.

그러나 30대, 40대가 되면서 사람들은 자신의 방식으로 새로운 창조를 해나가야 한다. 그런데 인간은 자신이 경험해보지 않은 사실

을 쉽게 인정하려고 하지 않는다. 설령 내가 구구절절 나의 경험을 설명해주어도 덤덤하게 받아들이는 사람들이 많다. 즉, '그것은 당신이 특별하기 때문이다'라고 간주해버린다.

나는 30대에 접어들면서 주변을 연결해서 종합하는 능력이 현저히 좋아지는 것을 발견하였다. 그런데 세월이 흐를수록 그 능력은 더욱 더 빛을 발휘하고 있다. 한 해 두 해가 가면서 가속도가 붙었다고 표현할 정도로 발전하고 있다. 특히 이런 저런 경험 끝에 강연과 집필 활동을 본격적으로 펼치기 시작한 40대는 30대와 비교할 수 없을 정도로 연결 능력이 확장되고 있음을 느낀다. 이런 추세라면 50대, 60대는 지금과 비교할 수 없을 정도로 발전할 수 있으리라 전망한다.

왜, 그럴까? 두뇌 전문가인 이케가야 유지 씨의 책을 읽다가 나의 경험이 과학적인 근거가 충분히 있다는 사실을 깨달았다.

"두뇌는 서른이나 마흔이 지나야 더욱 활발해집니다. 서른이 넘어가면 우리의 뇌는 독특한 작용을 하기 시작하지요. 그렇기 때문에 그것을 잘 이용할 수 있느냐 없느냐에 따라 많은 것이 달라집니

다. (……)

우리의 뇌를 직접 연구해보면 '20대 후반이 되면 두뇌의 편성이 상당히 안정되어 간다'는 사실을 알 수 있습니다. 그전까지는 만들고 부수는 일을 계속 반복하지요. 이렇게 두뇌는 재편성되면서 움직임이 차츰 유연해집니다.

그러다가 서른이 지나면 와인이 숙성되는 것처럼 차분해집니다. 이 단계는 이미 구축한 네트워크를 촘촘하게 만드는 시기라고 할 수 있습니다. 그러므로 추리력은 어른이 단연 우수합니다. 어렸을 때에는 연결고리를 찾아낼 수 있는 시야를 갖지 못합니다. 그러나 나이가 들면서 연결고리를 발견하는 범위가 조금씩 넓어지고 그 범위는 서른이 넘는 그 순간 비약적으로 확대됩니다. '지금까지는 서로 다른 별개의 대상이라고 생각했던 것이, 실제로는 뿌리와 이어져 있다'는 사실을 깨닫게 되는 시기가 바로 서른을 넘긴 때라고 합니다."

물론 사람마다 연결 능력이 급성장하는 시기에는 차이가 있을 것이다. 물론 연결 능력을 갈고 닦지 않은 사람들에게까지 그런 효과

를 기대할 수는 없다. 다만 나이가 들면 두뇌가 둔화된다는 통념에 젖어서는 안 된다.

실제로 나는 강연을 하고, 책을 쓰고, 무엇인가를 생각해내는 일을 하면서 두뇌에 대해 많은 것을 알게 되었다. 지금까지 말한 것처럼 이 정보 저 정보를 종합해서 새로운 그 무엇을 만들어내는 인간의 능력은 40대에 접어들면 더욱 왕성해진다. 그리고 세월이 갈수록 연결하고, 종합하고, 재창조하는 능력이 날로 발전한다는 것을 실제로 경험하였다. 물론 그 사실은 개인적인 체험에 그치는 것이 아니라 과학적인 근거가 충분히 있다.

따라서 우리가 갖고 있는 고정관념의 틀을 과감하게 털어 버릴 필요가 있다. 왜냐하면 고정관념은 새로운 시도를 원천적으로 무산시켜버리기 때문이다.

'나이가 들어서……' 라는 선입관을 버리자

06 원 점 에 서 시 작 할 수 있 다

'인생은 게임이다.'

사람마다 추구하는 목표는 다르지만 인생을 게임에 비유하는 데는 그다지 무리가 없을 듯하다.

우리는 거의 16년간 학교를 다닌다. 배우는 과목은 각기 다를지 모르지만 주어진 정보와 지식을 잘 암기해서 정답을 맞추는 게임을 하는 것은 거의 같다. 모든 질문에는 답이 존재하고, 그 게임은 비교적 단순하다. 그런데 학교를 졸업하고 사회 생활을 시작하면 게임 방법은 학교 시절과는 확연히 달라진다. 더 이상 학교 시절에 주력 무기였던 암기력이 큰 힘을 발휘하지 못한다. 정답이 없는 경우도 많고, 추구하는 목적이나 질문도 스스로 만들어야 한다.

학창 시절의 우등생이 반드시 사회 생활에서 성공하는 것은 아니다. 가능성의 영역에서 두 가지 사이에 상호 관련이 있을지 모르지만, 나의 관찰에 따르면 상관관계가 아주 큰 것 같지 않다. 아마도 그것은 학창 시절의 게임과 사회 생활의 게임이 너무 다르기 때문일 것이다. 따라서 게임의 성격을 정확히 이해하는 사람이라면 좀

더 나은 미래를 준비할 수 있을 것이다.

영국의 저술가 찰스 핸디는 학창 시절과 사회 생활에서 자신이 느꼈던 간격을 생생하게 그리고 있다.

"학교에서 내가 알게 된 암묵적인 메시지는 이런 것이었다. 이 세상의 모든 문제는 이미 해결되었다. 그 대답은 교사의 머리 속에 있거나 아니면 교과서 속에 있다. 학생인 내가 할 일은 그 대답을 내 머리 속에 옮겨오면 되는 것이다.

나는 회사에 입사했을 때 상황이 학교와 비슷한 줄 알았다. 나의 상급자나 컨설턴트는 회사의 모든 문제에 대한 답을 알고 있을 거라고 생각했던 것이다. 하지만 곧 그런 답은 없고 그것을 나 자신이 마련해야 한다는 것을 알고 큰 충격을 받았다. 게다가 많은 문제들이 인간관계와 관련된 것이어서 그 문제에는 어떤 교과서적인 정답이 있는 게 아니었다."

많은 사람이 사회 생활을 시작하면서 찰스 핸디와 같은 충격을 경험하는 시기가 있다. 물론 개인에 따라 그 충격의 강도는 다르다. 그렇다면 게임의 성격이 어떻게 변화하였는지를 알 수 있다면 누구든 좀

더 현명하게 대처할 수 있지 않을까? 나 역시 이런 진리를 깨우치기까지는 오랜 시간과 많은 비용이 든 다음이었다. 그런 점에서 오늘날의 교육은 아이들의 미래 준비와 관련해서 제대로 하고 있다는 생각이 들지 않는다.

수학 공식을 하나 더 외우기 위해 시간을 들이는 것보다 풍부한 경험을 쌓는 쪽이 더 올바르지 않을까? 그런 점에서 방학만 되면 학원에 보내 아이들의 에너지를 소진시키는 나라와 다양한 여름 캠프가 활발한 나라 사이에는 장기적으로 격차가 생길 수밖에 없다.

사회 생활에서 게임은 나름대로 문제를 제기하고, 그 문제에 대한 해답을 스스로 찾는 것이다. 주어진 정보를 철저히 암기할 필요는 없다. 뒤죽박죽 된 상태의 정보와 경험들은 제대로 연결하는 능력만 갖추고 있으면 큰 성과를 거둘 수 있다.

학창 시절에 배운 여러 과목이 훗날 정보 사이의 연결고리를 찾는 데 어느 정도 이바지할 수는 있을 것이다. 그럼에도 불구하고 사회 생활을 시작함과 동시에 정보와 경험을 서로 연결하는 능력을 갈고 닦아야 할 책임은 자신이 져야 한다.

그때는 학창 시절처럼 선생님이나 부모의 간섭을 거의 받지 않는다. 내가 직장 생활을 하면서 관찰한 점은 바로 이 부분이다. 강제나 강요, 의무가 주어지지 않은 상태에서 스스로 연결 고리를 만들어내는 능력을 갈고 닦아 나가는 사람과 과거에 그냥 그대로 머물러 있는 사람 사이에는 엄청난 격차가 벌어진다는 사실이다.

우수한 학위, 최고의 학벌을 가진 사람들 중에서 사회 생활 이후의 삶에서 그다지 큰 성과를 거두지 못하는 사람들이 주변에 의외로 많다. 다양한 이유가 있겠지만 두뇌를 작동시키는 새로운 방법을 찾아내서 습관으로 만들어내지 못한 경우가 대부분이다.

이처럼 단순한 자각(自覺)이 학창 시절 이후의 삶의 질을 결정한다면 당신은 어떤 선택을 할 것인가? 바로 여기에 우리가 두뇌의 효과적인 작동법을 이해하고 실천에 옮겨야 할 중대한 이유가 있다.

과거에 연연해하지 말고 새로운 게임을 준비하라

07   도(道)를 추구한다

일요일 아침, 한 친구와 전화 통화를 했다. 생활 기반도 어느 정도 잡혀 성공하였다는 소리를 들을 뿐만 아니라 프로패셔널로서 상당한 위치에 선 친구다. 내가 이토록 그 친구에게 점수를 후하게 주는 이유는 비단 지금의 성공한 모습도 모습이지만 항상 자신의 생각을 정립하고 씩씩하게 살아간다는 점 때문이다.

"지금의 내가 있기까지는 작은아버지의 힘이 컸다네. 물론 직접적으로 도와 준 것은 없지만, 하나의 역할 모델(Role Model)을 제공해주었지."

"그래. 너는 정말 운이 좋은 친구야. 바로 옆에 본받고 부러워할 만한 사람이 있었으니까 말이야. 사실 지금까지 살아오면서 크게 후회되는 일은 없지만 20대와 30대 때 내가 부러워할 만한 역할 모델이 없었다는 점이 가장 아쉬움으로 남는다네. 가까스로 시행착오를 경험하면서 그 기회를 갖는 데 성공하였지만……."

나의 말에 그 친구는 웃으며 다음과 같은 말로 용기를 북돋워 주었다.

"그래도 너는 어려움을 잘 극복하고 너의 삶을 성공적으로 만들어

왔잖아. 인생에서 100퍼센트 만족이란 없는 거 아닌가."

참고로 그의 역할 모델이 되었던 작은아버지는 국제적인 비즈니스로서 대단한 성공을 거둔 분이다. '의사 집안에서는 의사가 나오고, 법률가 집안에서는 법률가가 나온다'는 옛말이 있다. 무엇을 보고 듣고 자라는가가 얼마나 중요한가를 강조하는 경구(警句)다.

인생과 마찬가지로 두뇌 또한 역할 모델이 필요하다. 무슨 일을 하건 간에 주변에서 흔히 관찰할 수 있는 중간 수준 정도의 역할 모델을 찾는다면 결과는 보지 않아도 뻔하다. 이따금 열중하기도 하지만 때때로 밀려오는 권태감이나 무력감에 빠져서 허우적거릴 때가 많을 것이다. 내가 알고 있는 많은 사람이 그렇게 하루하루 직장 생활을 영위해간다.

하지만 결코 이렇게 생활해서는 안 된다. 만일 당신이 어떤 일을 하건 간에 그 일을 통해서 도(道)의 수준, 즉 완벽함의 경지까지 오른 사람들을 역할 모델로 삼는다면, 삶은 많은 부분이 크게 달라질 것이다. '완벽함을 향하여, 완전함을 향하여' 라는 강한 열망과 열의는 두뇌에게는 커다란 자극제가 될 것이다. 그것은 두뇌에게 우리가 상상할 수 있는 그 이상의 세계, 즉 최상과 최선의 경지에 도달하도록 강력한 동기부여를 하기 때문이다.

사람은 꿈꾸는 것만큼 산다. 그것은 논리적으로나 과학적으로 충분히 설명이 가능하다. 꿈을 꿀 수 있는 한계는 두뇌가 추구할 수 있는 한계를 의미한다. 한계를 어디에 두어야 할지는 자신이 결정할 사항이다. 다만 내가 강조하고 싶은 점은 뜨겁지도, 그렇다고 해서 차갑지도 않은 상태로 인생을 살아가는 것은 곤란하다는 것이다.

사람들은 잠자는 두뇌를 깨울 수만 있다면 최고의 경지에 설 수 있다는 생각을 왜 하지 못할까? 40대 중·후반의 사람들은 벌써 지치기 시작한다. 도전할 만한 인생이 남아 있는데도 말이다. 인생의 반환점을 채 돌지도 않은 나이인데 꿈, 비전, 역할 모델은 안중에도 없다. 그저 어떻게 생존할 수 있을까 그것에만 골몰할 뿐이다.

생존에만 목표를 두면 그 정도로만 살다가 간다. 생존을 넘어서 가치를 만들어내는 삶을 추구한다면 그것에 맞추어서 두뇌는 움직이기 시작할 것이다.

언젠가 첼리스트 장한나 양이 인터뷰하는 모습을 본 적이 있다.

"하버드대에서 인문과 철학 공부를 함께 하고 있다"는 그녀의 말을 듣고 나는 그때 그녀가 음악가로서 대성할 것이라는 예감이 들었다. 그 이유는 그녀의 과거 때문이 아니라 미래를 준비하고 있는 모습에서 믿음을 느꼈기 때문이다. 그녀에게 음악은 도(道)이다. 그녀는 '음악 도(道)'를 닦는 사람이다.

마에스트로(거장) 로린 마젤이 기자 회견에서 장한나 양을 두고 "한나는 천재적이며 음악가정신(musicianship)이 뛰어나다"고 말하였다. '뮤지션십'이란 바로 도를 추구하는 사람이라는 뜻이 아니겠는가? 다음에 나오는 장한나 양의 인터뷰 내용을 보고 당신은 '세일즈맨십' 혹은 '기업가정신'을 갖고 있는지 생각해보기 바란다.

"음악은 마음과 마음이 통하는 대화라고 봐요. 인간적인 내면의 무엇이 없다면 연주는 공허해질 거예요. 생각해보세요. 연주자와 청중은 개인적 연줄이 아무것도 없는데, 음악을 매개로 서로 영적인 교감을 하려면 마음에 뭔가 있어야 할 거 아니에요? 제가 연주하는 곡의 음악가들이 살았거나 그 시대의 사상가들이 어떤 생각을 어떻게 표현했는지, 시대의 아이디어를 읽고 싶어요. (……)

연주를 더 많이 할 수도 있지만 한 해 40회 정도로 조절하고 있어요. 연주자의 길이 어렵고 힘든 게, 연주가 늘어나면서 기계적이 되면 위험해지기 때문이죠. 한 연주 한 연주를 '마지막 무대'라 생각하고 최선을 다해서 할 수 있는지, 이 의문이 연주자한테는 중요하다고 봅니다."

물론 도의 경지를 추구하는 것이 쉬운 일은 아니다. 그러나 막상 눈앞의 생존에만 매달리다 보면 생존에 대한 두려움에 함몰될 가능성이 높다. 그러나 원대한 역할 모델을 갖고 생활할 수 있다면 두뇌는 훨씬 다이내믹하게 살아가는 방법을 가르쳐줄 것이다. 한 마디로 추구하는 수준을 높게 잡고 두뇌로 하여금 그것에 걸맞게 활동하도록 당당하고 단호하게 요구하라는 것이 나의 경험에서 우러나오는 주장이다.

원대한 역할 모델을 이용해서 도(道)의 경지를 추구하라

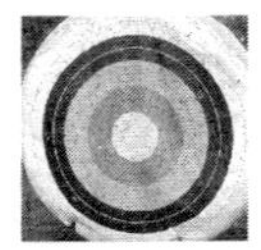

08　티핑포인트까지　계속한다

'일을 좋아하는 특별한 방법이 있을까?'

사람은 누구에게나 장기(長技)나 적성이 있다. 하지만 자신에게 맞는 장기나 적성을 찾아내기란 결코 쉬운 일이 아니다. 그래서 장기나 적성에 꼭 맞는 일을 발견하면 대단한 행운이라고들 말한다. 그런 행운을 얻는 사람들이 과연 몇 명이나 될까? 1퍼센트, 아니면 5퍼센트나 될까? 아무튼 아주 소수임에 분명하다.

이따금 나는 다양한 세일즈 분야에서 상당한 궤도에 오른 사람들을 대상으로 강연을 한다. 그럴 때마다 나는 "여러분은 정말 행운아입니다"라는 축하 메시지를 잊지 않는다. 왜냐하면 좋아하는 일을 발견하는 데 성공하였기 때문이다. 물론 개인마다 이런 저런 사연이 있겠지만 자신의 장기를 우연히 발견할 수 있는 것은 엄청난 행운임에 틀림이 없다.

처음부터 '바로 이것이 천직이다'라고 할 만한 일을 만나는 사람은 드물다. 꾸준히 하다 보니까 좋아진 경우가 대부분일 것이다. 첫눈에 반하는 것처럼, 일찍부터 그 일이 천직인 것을 깨우치는 경우는 드물다. 천직을 발견하는 것은 대개 티핑포인트 현상과 비슷하다. 일정 기간 치열하게 일한 다음부터 급격히 성과가 좋아지는 경우다. 그래서 어떤 일을 하든지 간에 티핑포인트에 도달하기까지 일정 기간 집중적으로 시간과 에너지를 투자해야 한다. 그러나 주변을 살펴보면 제대로 치열하게 해보지도 않고 미리 그만두는 사람들이 참 많다.

나는 천직을 첫눈에 찾은 것이 아니라 티핑포인트처럼 찾은 경우에 속한다. 처음에는 좋아하는지 싫어하는지 몰랐다. 그런데 일을 하면서 이런 저런 경험을 축적하고, 그 경험을 통해 계획을 세워서 차근차근 활용해왔다. 그 결과 계획과 믿음 그리고 실천이 어우러지면 판에 박힌 듯한 일조차도 재미있게 할 수 있다는 것을 알게 되었다. 만일 자기와 맞지 않는 일을 평생 동안 해야 한다면 그것은 매우 불행한 일일 것이다.

도저히 자신과 맞지 않은 일을 하며 사는 사람들을 영혼이 빠진 채 살아간다고 비유할 수 있다. 그저 생계를 위해서 일하고 있다면, 항상 겉돌게 된다. 이렇게 해서는 원하는 결실을 거둘 수 없다.

내가 직업을 바꾸면서 경험한 사실은 사람이 자신이 하고 있는 일을 좋아하지 않는다면 권태감과 무력감에 시달릴 수밖에 없다는 것이었다. 언젠가 누구나 부러워하는 어느 기업의 회장을 지낸 분과 대화를 나눈 적이 있다.

"헛산 것 같아……."

"왜 그렇게 생각하십니까? 모두들 회장님을 부러워하는데요."

"가업이기에 기업을 맡아서 하긴 하였지만, 되돌아보니까 별로 즐기지 못하고 항상 겉돌았던 같아. 나에게는 다른 천직이 있었는데 말이야."

그분은 사업과는 별로 어울리지 않는 분이었다. 오히려 학계나 예술계 등 다른 분야에서 더욱 두각을 나타낼 수 있는 분이었다.

점점 평균 수명이 길어지는 추세를 고려하면 인생의 황금기에 자신과 맞는 일을 한다는 것은 정말 중요하다. 정말 최선을 다 해본 이후에 '이것이 아니다'라는 판단이 서면 떠나야 한다. 물론 용기가 필요한 일이긴 하지만……. 좋아하지 않는 분야에서 보낸 시간도 결코 버려야 할 경험은 아니다.

 두뇌가동률을 높여라

나는 무슨 일을 하든지 간에 비교적 즐기면서 하는 편이다. 여기에는 나 나름대로 요령이 있다. 우선 어떤 상황에서든 현재 하고 있는 일에서 특별한 의미를 찾아낸다. 일상에서 처리하는 일은 대부분이 반복적이고 습관적인 일처럼 보인다. 그러나 일에 의미를 부여하는 능력은 사람마다 크게 차이가 난다.

이를테면 세상 사람들이 별로 의미를 부여하지 못하는 일에서조차 의미를 찾아내는 사람들이 있다. 여기서 의미란 지금 일을 하는 것과 자신의 성장이나 발전 사이의 연결고리를 찾아내는 것이다. 다른 사람들은 결국 조연이다. 자신만이 그것을 찾아낼 수 있다.

다시 말해 미래를 걱정하고 대비하는 사람들만이 현재의 일에서 의미를 찾을 수 있다. 그들은 위기의식이나 경각심을 갖기 때문에 집중하는 습관을 갖는다. 그래서 몰입하는 경험을 자주 갖게 된다. 이렇게 하다 보면 일이 익숙해지면서 업무 성과가 향상된다. 성과의 향상은 '아, 이렇게 하면 나에게 도움이 되는구나'라는 현실적인 이익을 가져다 준다는 사실을 스스로 체득하게 된다.

이런 과정을 반복하면 선순환이 일어난다. 열심히 하고, 열심히 하니까 익숙해지고, 익숙해지니까 성과가 나아지는 그런 과정을 거치면서 새로운 기회를 잡는 선순환 과정이 일어나는 것이다.

아주 사소한 일에서조차 의미를 만들어낼 수 있는 습관을 갖는다면 현재 하고 있는 일을 좋아할 수 있을 것이다. 그런데 아무리 노력해도 스스로 불가능하다고 판단하면 그때는 결단을 내려야 한다. 영혼이 빠진 채 계속 살아갈 수는 없기 때문이다.

정말 최선을 다해 일의 의미를 찾아 보라

09　심리적 시간이 핵심이다

"중요한 것은 연령과 경험이 아니라 공헌도와 성과의 탁월함이다. 만약 '관리직 경험' 이라는 것이 있다면, 그것은 근속 경험이 아닌 경험의 밀도, 여러 가지 상황에서의 공헌도, 특히 어려운 상황에서의 공헌도를 근거로 판단해야 한다.

이것은 소위 심리적 시간과 물리적 시간의 차이와 같은 것이다. 달성한 것도 배운 것도 머리에 남아 있지 않은 공허한 몇 시간, 몇 개월이 있는 반면 몇 분 또는 며칠밖에 안 되는데도 불구하고 몇 년처럼 느껴지는 밀도 있는 시간도 있다.

비즈니스도 이와 마찬가지다. 어려운 상황에서 체험한 몇 년은 확실히 기억에 남는다. 그것은 아무 일도 일어나지 않은 일상적인 상황 10년이나 15년 정도에 해당한다. 어려움이 있는 곳에 부임할 기회를 주는 회사에서 일하면 밀도 높은 시간을 경험할 수 있다. 그 경험은 그 사람의 능력을 높여주고, 최고의 책임을 맡을 만한 사람으로 성장시켜줄 것이다."

이 내용은 닛산자동차 재건의 주역 카를로스 곤의 자서전에 나오는 것이다. 여기서 우리가 주목해야 할 부분은 '심리적 시간'과 '물리적 시간'이라는 매우 중요한 두 가지 개념이다.

어느 누구에게도 25시간이 허용되지 않는다. 모두가 공평하게 24시간을 사용한다. 이런 점에서는 모든 사람에게 똑같은 물리적 시간이 주어진 셈이다. 그러나 엄청난 성취를 이끌어내는 사람과 그렇지 않은 사람들 사이에는 명백한 '심리적 시간'의 격차가 존재한다. 여기에 성공하는 자와 실패하는 자를 가르는 중요한 비밀이 숨어 있다.

시간 사용의 밀도에 따라 사람마다 심리적 시간은 현저하게 차이가 난다. 시간을 밀도 있게 사용하는 사람은 심리적 시간을 충분히 늘릴 수 있다. 그리고 성공적인 인생을 만들 수 있다.

그렇기 때문에 두뇌를 사용할 때도 심리적 시간 개념을 잘 이용할 수 있어야 한다. 하루의 일과 중 짧은 시간 자주자주 몰입(the flow) 상태에 빠질 수 있다면 여러분은 두뇌를 왕성하게 사용할 수 있다. 몰입 상태에 빠지면 두뇌는 일과 관련된 특정 부위의 신경 회로망이 확장되고 새로운 신경 회로망이 형성된다고 추측한다.

 두뇌가동률을 높여라

몰입 상태에 빠져드는 몇 가지 방법을 소개하건 다음과 같다. 우선 산만해서는 안 된다. 일정 시간 한번에 한 가지 일만 집중적으로 처리하는 습관을 들여야 한다. 동시에 두세 가지 일을 처리하는 경우 많은 일을 할 수 있을지는 모르지만 몰입 상태에 빠져들 수는 없다. 일단 한 가지 일을 한다면, 일하는 것을 마치 게임하듯이 만들면 된다. 나는 어떤 프로젝트를 진행할 때, 꼼꼼히 〈시간가계부〉를 적는다. 지금 여러분이 읽고 있는 책은 한 권이지만 나에게는 수십 개의 독립된 프로젝트로 나누어진 것이다.

지금 쓰고 있는 이 글도 독립된 한 개의 프로젝트다. 이 프로젝트를 시작하기 전에 나는 모 월간지에 원고지 15장을 정확하게 1시간 10분 만에 마무리한 다음 송고하였다. 그러고 나서 약 20분 정도 눈을 감고 쉰 다음 지금 이 프로젝트를 쓰고 있다.

원고지 10장에서 15장 내외의 글이다. 이 프로젝트의 이름은 '심리적 시간이 핵심이다'이다. 시작 시간은 오후 4시 40분, 지금 이 부분을 쓰고 있는 시점은 5시 30분이다.

이런 조각난 프로젝트를 진행할 때마다 '자, 이제 일을 시작한다.

마음 준비를 하자'고 나에게 다짐한다. 그리고 시간을 반드시 적어
놓는다. '시작 시간:4시 40분.' 그런 다음에 일을 시작하면 금세
업무에 빠져든다. 무아지경(無我地境)이라고 할 정도로 완벽한 몰입
상태는 아니지만 생각의 흐름, 타이프를 치는 손, 급박한 속도, 목
표를 달성하고야 말겠다는 의지 등이 어우러져 자연스러운 흐름이
생겨난다. 준 몰입 상태가 되는 것이다.

어느 암벽 등반가는 자신이 몰입 상태에 빠진 것을 두고 다음과 같
이 묘사했다.

"자신이 하고 있는 일에 너무나 몰두한 나머지 즉각적인 행위로부
터 자신을 분리시켜 생각하지 못할 겁니다. 결코 자신이 하고 있는
일에서 자신을 떨어뜨려 바라볼 수 없을 겁니다."

이런 상태를 반복해서 만들어낼 수 있는 방법을 익혀야 한다. 물론
업무의 성격에 따라서 몰입 상태에 빠져드는 방법은 다를 것이다.
그러나 그 원리는 비슷하다. 마치 하나의 게임을 즐기듯이 프로젝
트를 수행해가면 된다.

그렇다면 몰입의 순간에 느끼는 기분은 어떤 것일까? 두뇌 속에서

엄청난 에너지가 폭발적으로 작동하면서 두뇌의 특정 부분이 마치 확장되는 듯한 그런 기분이다. 아마도 자기공명장치(MRI)와 같은 기구를 이용해서 내가 업무에 몰입하는 순간을 촬영한다면 심정적으로 느끼는 그런 상태를 과학적으로 증명할 수 있으리라 믿는다.

그런데 시간을 기록하고 '자, 이제 시작합니다. 최선을 다해서 마쳐야 해요'라는 다짐을 하며 결의에 차서 프로젝트를 진행한 경우와 그런 다짐 없이 프로젝트를 수행한 경우에는 큰 차이가 있다. '시간가계부'를 적으며 자기 다짐과 함께 프로젝트를 수행하면 시간을 현저하게 아낄 수 있을 뿐만 아니라 결과물도 우수하다. 반면 시간을 기록하지 않고 별반 긴장 상태가 조성되지 않은 상태에서 프로젝트를 수행하면 시간도 오래 걸리고 결과물도 좋지 않다. 어쩌면 일을 마무리할 수 없는 경우도 생겨날 수 있다.

결국 심리적 시간을 충분히 만들어낼 수 있느냐 하는 것이 두뇌가동률을 크게 높일 수 있는 방법이다.

작업이 끝난 시점은 정확히 5시 30분이다. 원고지 14매를 적어 나가는 데 불과 50분밖에 걸리지 않았다.

인생을 되돌아보면 가장 강하게 기억에 남는 시기나 순간이 있다. 그것은 물리적 시간의 길고 짧음이 아니라 심리적 시간의 강도에 달려 있다고 생각한다. 그냥 다소 이완된 상태로 보낸 시간들은 그다지 기억에 남지 않는다. 심리적 시간을 창조하기 위해 헌신하였던 기간들이 기억 속에 오래 남는다. 물론 인생의 영광도 그런 시간에 의해 창조된다고 보면 된다.

짧은 시간 몰입하는 훈련을 반복하라

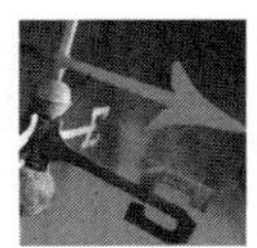

10 문제 해결사가 된다

나는 남이 해놓은 길을 편안하게 따라가는 것을 좋아하지 않는다. 학위를 마친 이후 나의 궤적은 항상 새로운 영역을 구축해 나가는 길이었다. 좀 거창하게 들릴 수도 있지만 나는 지금도 자신에게 '신화를 창조하라'는 다짐을 자주 한다. '언제 어디서든지 신화를 만들어내는 주역이 되자'는 말이다.

예술가들처럼 무에서 유를 창조하는 것은 아니지만 어떤 면에서는 기존의 것을 종합해서 새로운 것을 만들어내는 일을 해왔다. 준(準) 창조라고나 할까?

지금까지 썼던 책이 거의 50권에 육박하지만 이 가운데 번역서 몇 권을 빼고 나면 대부분은 새로 지은 집들이다. 그래서 나는 교과서와 같은 책은 천금을 준다고 해도 쓸 수 없다. 그렇다고 교과서 쓰는 일을 폄하(貶下)하는 것은 아니다. 본래 다른 사람들의 이론을 잘 정리하는 그런 일들에 금세 싫증을 낸다는 점을 강조하기 위함이다. 오해 없기를 바란다.

나라고 해서 겁이 없는 것은 아니다. 이 책을 쓴 후 아이디어가 고갈되면 어쩌지? 이런 걱정 속에서 한번도 자유로웠던 적은 없다.

걱정에서 벗어나는 데 든든한 빽이 한 가지 있다면 그것은 나 자신에 대한 믿음이다. 즉, 그 동안의 조그만 성공 경험들이 가져다 준 '어렵긴 하지만 난 잘 할 수 있다'는 믿음이나 느낌 같은 것이다.

그래서 나는 항상 새로운 아이디어를 찾아내기 위해 노력해야 하는 팔자를 타고 난 모양이다. 지금 쓰고 있는 두뇌가동률을 높이는 방법도 교과서와 같은 책들이 담을 수 있는 내용은 아니지 않는가? 나는 늘 창조에 가까운 작업을 하고 있다. 나의 두뇌가 평소에 제대로 역할을 하지 못하면 이런 책은 나올 수가 없다.

그러면 나는 두뇌에게 어떤 역할을 기대하고 수행하도록 요구하고 있는가? 미국의 최신식 폭탄들이 비행기와 항공모함을 발진해서 바그다드의 목표물을 향해 돌진하는 광경을 보면서 나는 '정말 두뇌가 움직이는 것과 흡사하다'는 생각을 한 적이 있다.

그렇다면 목표물을 정확하게 조준하는 폭탄처럼 두뇌가 조준해야 하는 것은 무엇인가? 두뇌로 하여금 언제, 어떤 상황에서나 '무엇(What)'과 '어떻게(How)'를 집요하게 찾아 나서도록 강력하게 명령해야 한다. 단순히 의식의 세계뿐만 아니라 잠재 의식의 세계에서도 두뇌는 늘 이 두 가지를 찾아야 한다.

학창 시절이나 직장을 다닐 때는 주어진 무엇에 대해서 '어떻게'만 제대로 찾으면 된다. 그러나 1인기업가로서 창의적인 일에 종사하거나 부(富)를 향해 뛰는 사람이라면 두 가지를 제대로 찾아낼 수 있어야 한다.

그래서 여러분은 두뇌에게 두 가지 명령어 '무엇을', '어떻게'를 내려야 한다. 거리를 걷거나 다른 사람의 이야기를 들을 때, 책을 읽을 때, 사물을 관찰할 때 나의 두뇌는 항상 두 가지 명령어에 따라 묻고 찾는다.

'나의 주인장은 무엇을 해야 번영할 수 있는가?'

'나의 주인장은 어떻게 해야 번영할 수 있는가?'

만일 여러분이 부자가 되기를 원한다면 두뇌를 움직일 수 있어야 한다. 여러분의 두뇌가 세상에서 무엇을, 어떻게를 찾아 나서도록 도와야 한다.

나의 두뇌는 항상 두 가지 임무를 수행하기 위해 시공간을 날아다닌다. 그것은 과장이 아니다. 요즘 독자들은 어떤 책을 원할까? 주인님은 어떤 책을 써야 할까? 그러면 어떻게 써야 독자들이 좋아할까? 등의 질문에 두뇌는 기회를 포착하기 위해 움직인다.

결국 자본주의 사회란 누가 '무엇을', '어떻게'에 대한 해답을 찾아서 그것을 실천에 빠르게 옮기느냐에 따라 상과 벌을 주는 시스템이다. 두 가지 일을 제대로 수행하지 못하면 아무리 대단한 사람이라도 벌을 받게 된다. 벌은 곧바로 생활 수준을 낮추거나 시장에서 퇴출당하는 것을 의미한다. 비즈니스의 중심에는 '무엇을, 어떻게'가 항상 놓여 있다.

자신이 게임의 규칙을 변화시킬 수 없다면 두뇌를 철저하게 훈련시켜야 한다. 한 가지 방법은 자주자주 문제를 찾아내고, 방법을 찾아내는 두뇌의 가동 상태를 점검해보는 일이다.

"두뇌님, 오늘은 비즈니스를 제대로 하였습니까?"라고 물을 수도 있지 않을까?

스스로 문제를 정의하고 그 방법을 찾아 나서라

11 만물박사가 된다

'모든 것이 합(合)하여 선(善)이 된다.'

두뇌가 비즈니스 기회를 포착하고, 새로운 아이디어를 만들어내는 과정을 지켜보면서 깨친 진실 가운데 한 가지다. 버릴 만한 정보나 경험이 없다는 뜻이다. 당장은 불필요한 것처럼 보일지 모르지만 함께 뒤섞여서 결과물을 내는 데 도움이 되는 경우가 많다.

일상 생활에서 우리는 많은 정보를 만난다. 그런데 습관적으로 이런 말을 사용하는 사람들이 있다.

"내 분야가 아닌데요."

"나는 잘 모르는데요."

"지금 당장 필요하지 않은데요."

이런 고정관념은 대개 학창 시절에 형성된다. 이른바 전공 과목이 꽤 오랫동안 영향을 미친다. 나의 대학 시절을 되돌아볼 때 안타까운 점 하나는 이런 고정관념에서 크게 벗어나지 못하였다는 것이다. 그래서 무엇을 보고 듣고 자랐는가가 매우 중요한 것이다.

대학생들에게 역할 모델은 대부분 교수들이다. 그렇기 때문에 대개 전공 분야를 벗어나서 이런 저런 시도를 할 경험이 없다. 이러한 모든 것이 졸업생들에게 전공분야에 대한 필요 이상의 선입관을 심어준다.

현장에서 일을 하기 시작한 다음, '전공은 결국 편의에 의해서 만들어진 것이구나'라는 사실을 깨치는 데는 그다지 시간이 걸리지 않았다. 특히 고객을 상대로 무엇인가를 만들어서 판매해야 하는 사람이라면 '내 분야가 아닌데요'라는 고정관념에서 과감하게 탈피해야 한다.

그렇다고 해서 실용적이고 전문화된 지식이 중요하지 않다는 이야기는 아니다. 내가 강조하고자 하는 것은 당신이 가진 전문화된 지식을 더욱 풍부하게 하고 효과적으로 활용하기 위해 스스로 만물박사가 되자고 마음을 먹으라는 것이다.

일단 자신이 포착하거나 입수한 정보라면 무엇이든 관심을 가져 보라. 설령 당신이 지금 하고 있는 분야와 전혀 관련이 없는 엉뚱한 분야의 정보라도 관심을 가져 보라. 그리고 의도적으로 새로운 분야의 동향이나 정보를 찾아 나서라.

나는 틈틈이 시간을 내서 전혀 모르는 분야에 대해 인터넷 검색을 한다. 그리고 서점에 가서 전혀 관련이 없는 잡지를 구입하기도 한다. 책도 그렇다. 이 분야에서는 어떤 일이 일어나고 있을까? 이 분야에 관한 새로운 정보들이 없을까? 등과 같은 질문을 던지면서 호기심과 관심의 지평을 한껏 넓히려그 의도적으로 매우 열심히 노력한다. 모든 것이 분주하고 시간이 충분하지 않은 세상에서 그렇게 행동하는 이유는 무엇인가?

경험은 그것이 매우 유용하다는 점을 가르쳐주기 때문이다. 특히 어디에 유용한가? 두뇌가 사업 기회를 포착하고 사업 아이디어를 만들어내기 위해 노력하는 과정에서 쓸모가 있다. 이 과정에는 다양한 분야의 정보와 경험들 그리고 풍부한 정보들이 매우 중요한 역할을 한다.

각양 각색의 정보들이 끊기지 않고 입력되고 있으면 창조 작업은 원활하게 이루어질 수 있다. 반면 입력된 정보가 적다면 그만큼 창조도 원활히 일어날 수 없다. 따라서 정보의 인풋을 대폭 증가시키는 길은 스스로 분야에 제한을 받지 않고 관심의 지평을 한껏 넓히는 것이다.

입력된 정보가 아이디어나 기회로 바뀌는 과정은 밀크쉐이크 만드는 과정에 비유할 수 있다. 원료들이 이리저리 섞이면서 새로운 맛과 색깔을 가진 음료수로 바뀌듯이 정보는 아이디어와 기회를 변화시킨다.

입력된 정보로 아이디어를 창조하는 구체적인 오스본의 체크리스트를 사용하면 도움이 될 것이다. 모든 방법을 동시에 사용할 수는 없지만 아이디어를 만들어내는 과정에서 차근차근 두뇌에게 질문을 던져 보는 것도 도움이 될 것이다. 시작은 만일 내가 '이 정보와 저 정보를…… 한다면'이라는 질문만으로도 도움을 받을 수 있을 것이다.

● 전용(轉用)한다면……?

● 응용한다면……?

● 변경한다면……?

● 확대한다면……?

- 축소한다면……?

- 대용한다면……?

- 치환한다면……?

- 역전시킨다면……?

- 결합시킨다면……?

'내 분야가 아닌데요'라는 고정관념에서 탈피하라

12 측정하고 평가하고 보상한다

'가끔 자신을 칭찬하는 것은 아무런 해가 되지 않는다.'

켄 블랜차드의 히트작 『칭찬은 고래도 춤추게 한다』에 나오는 한 구절이다. 나는 이 구절을 읽으면서 고개를 갸우뚱했다. 왜냐하면 '자주자주 자신을 칭찬하는 것은 엄청난 이득이 된다'라는 표현이 더 정확하다는 생각이 들었기 때문이다.

그렇다고 해서 마냥 자신을 칭찬할 수 있는 것은 아니다. 다만 지나치게 엄격하게 자신을 다룰 필요는 없다는 것이다. 좋은 성과를 거두면 적절한 칭찬과 보상을 해주어야 한다.

당신이 경영자라면 임직원 개개인의 성과에 보답해야 하고 보너스나 승진 및 인센티브 제도를 마련해두어야 한다. 성과에 따른 보상은 다양한 형태가 있다.

GE의 잭 웰치 전 회장은 임직원 개개인의 성과에 대한 측정과 보상을 무척 강조하였다. 그는 "늘 평가하고 보상하라. 나에게 평가라는 것은 마치 숨을 쉬는 것처럼 자연스럽고도 일상적인 것이다"라고 말한다. 정확한 평가에 상응하는 보상만큼 사람을 움직일 수

있는 것도 없다.

그렇다면 두뇌를 움직이는 경영자로서 당신은 이런 명백한 원리를 제대로 활용하고 있는가? 자신 있게 '그렇다'는 대답이 나오지 않는다면 이번 기회에 다시 한 번 자신의 두뇌경영법을 생각해보라.

두뇌는 평가받지 않으면 제대로 작동하지 않는다. 왜냐하면 두뇌는 잘했는지 못했는지 평가받지 않으면 아무런 후속 조치가 없다는 것으로 받아들이기 때문이다. 부하 직원에 대한 엄격한 평가가 필요한 것처럼 두뇌의 성과에 대해서도 항상 평가해야 한다.

무척 분주하게 이리 뛰고 저리 뛰는 날이 있다. 이런 날 사람들은 자칫 '바쁜 날은 두뇌가 제대로 일을 한 날이다'라는 제대로 검증되지 않은 가설을 믿고 싶어한다. 다시 말해 '자기 기만(self-deception)' 상태에 빠져드는 것이다. 이를테면 자신이 평소에 가져 왔던 선입관을 그대로 받아들이고 싶어 한다. 왜냐하면 사람들은 언제나 두뇌의 노고에 대해서 가능한 한 후한 평가를 내리고 싶어하기 때문이다.

"오늘은 정말 열심히 했어." "오늘은 휴식을 취할 자격이 충분히 있는 날이야. 그래 이제 쉬자." 사람들은 이런 말을 항상 하고 싶어한다. 그러나 자신의 성과물을 차근차근 정리해보면 제대로 두뇌를 가동시킨 날인지 아니면 "정말 바쁘다. 바빠!"를 외치면서 허둥지둥 눈썹이 휘날릴 정도로 바쁜 척하면서 보냈는지 알 수 있다.

그래서 두뇌의 성과를 냉정하게 평가하고 바쁜 척할 뿐 제대로 성과를 내지 못한 부분에 대해서는 스스로 질책하고 그 원인을 찾을 수 있어야 한다.

사람이란 본래 약한 존재가 아닌가. 조금만 방심하고 안심하면 쉽게 이완되어 버린다. 그래서 나는 이왕 일을 하는 것이라면 짧은 시간이라도 두뇌를 혹독하게 몰아붙이는 스킬을 나름대로 활용하라고 권한다. 그것은 일단 언제까지 이 프로젝트를 마무리한다는 형식의 약속을 문장화하고 그것을 지켜야 한다는 압박을 가하면서 일을 해나가는 것이다. 그러니까 성취를 위한 드라이브를 확실히 걸면서 두뇌를 독려해야 한다. 그때 두뇌는 그것을 강한 긴장 상태로 받아들인다. 아무런 약속이 없는 상태에서 일을 수행하는 것보다 훨씬 효과적으로 움직인다.

 두뇌가동률을 높여라

사소해 보이는 이런 테크닉들이 하루하루 쌓이면 활용하는 사람과 그렇지 않은 사람들 사이에는 대단한 격차가 벌어진다. 몰라서 사용하지 않으면 무지함에 그 원인을 돌려버리면 된다. 그러나 알면서도 행하지 않으면 그것은 전적으로 자신이 책임져야 할 일이다.

그렇다고 해서 마냥 몰아붙이는 것이 능사는 아니다. 성과를 달성한 부분은 포상이 주어져야 한다. 포상은 휴식일 수도 있고 자유시간일 수도 있다. 몰아붙이고, 성취에 대한 일정한 자유 시간을 주는 일을 적절히 배분해 나갈 필요가 있다.

두뇌는 정말 영특하다. 경품을 거는 것과 똑같은 효과가 발생한다. 자유시간을 갖기 위해서 더욱 치열하게 움직인다. 경영에서 '인센티브가 중요하다'는 원칙은 자신의 두뇌를 활용하는 데서도 한 치의 예외가 없다.

'측정하라. 평가하라. 그리고 질책하거나 칭찬하라.'

자기 기만에 빠지지 않도록 성과를 측정하라

13   단 순 화 한 다

우리가 일상에서 처리하는 일들은 모두 두뇌 사용이 필요한 것이다. 전화 받는 일, 지시하는 일, 회의하는 일, 사람을 만나는 일, 무엇인가를 생각하는 일 등 어떤 활동도 두뇌의 작동이 필요하지 않은 것이 없다.

나는 이런 활동 하나 하나를 두뇌에 있는 에너지 창고에서 조금씩 꺼내다 쓰는 것에 비유하고 싶다. 따라서 아무리 사소해 보이는 활동이라 할지라도 두뇌를 사용하면 두뇌 속의 에너지 저장량은 줄어든다. 그러므로 정말 중요한 일에 두뇌를 제대로 활용하고자 한다면 같은 시간 동안 두뇌의 같은 영역을 사용하는 활동을 동시에 한 가지 이상 하지 않도록 주의해야 한다.

예를 들어 당신이 중요한 기획 아이디어를 창출하기 위해서 골몰하고 있다면 당분간 전화를 받지 않는 것이 좋다. 두뇌가 느끼는 피로나 무력감은 대부분 동시에 두세 가지 일을 처리하면서 발생하는 동일 회로 정체 현상에서 온다.

직장 생활에서 원천적으로 이런 일을 막기란 쉽지 않다. 그러나 자

신의 두뇌 작동에 관심을 가지고 있는 사람이라면 주어진 환경하에서 오랫동안 관습적으로 해왔던 일과를 분석하여 바꾸어 보는 것이 좋을 것이다.

글을 쓰는 작가들에게 전화는 아주 치명적이다. 글을 쓰다가 전화받는 일을 반복하다 보면 두뇌는 쉽게 스트레스를 받는다. 내가 1인기업을 시작한 후 전화 양이 일정 수준에 도달할 때까지 혼자서 모든 일을 처리하였다. 그러던 어느 날 나는 두뇌에 과부하가 생기는 것을 알아차렸다. 그것은 곧바로 스트레스로 직결된다는 사실도 깨우쳤다. 그래서 결국 전화나 기타 잡다한 일들을 아웃소싱하였다.

사람마다 각기 두뇌가 좋아하는 일이 있다. 나는 많은 것을 읽고 새로운 것을 생각하고 창조하고 남에게 이야기하고, 그 결과물을 문장으로 만드는 일은 아무리 많이 해도 피로감을 느끼지 않는다. 그래서 나는 오히려 두뇌가 마다해도 내 스스로 두뇌에게 적절한 휴식을 제공한다.

반면 두뇌가 별로 좋아하지 않는 일들이 있다. 이런 일들을 일정 수준 이상 하면 두뇌를 생산적으로 사용해야 할 때 소홀해지거나 스트레스를 쉽게 받아 제대로 활용할 수 없다. 그래서 생활이 지나치게 분주해지는 것을 경계해야 한다.

그러나 이것은 생각처럼 쉬운 일이 아니다. 왜냐하면 직장인들은 대부분 자신의 스케줄뿐만 아니라 타인의 스케줄에 따라 움직이는 경우가 많기 때문이다.

어쨌든 이론적으로나 경험적인 면에서 생활을 단순화하는 일은 아무리 강조해도 지나치지 않다. 어느 수준까지 생활을 단순화시켜야 하는가는 결국 개인이 선택해야 하는 영역이기 때문에 내가 이렇다 저렇다 함부로 이야기할 사항은 아니다. 그러나 자기 생활을 철저히 들여다보면 자신이 지나치게 많은 활동을 불필요한 부분에 배분하고 있음을 알아차릴 것이다.

두뇌를 보호하고 제대로 활용하는 일에 관심을 갖고 있다면 선택과 집중이라는 고전적 원리를 다시 한 번 환기해야 한다.

우리 사회에서는 마당발이라고 불리는 사람들이 칭송받는 경우가 종종 있다. 그러나 나는 그런 사실을 액면 그대로 받아들이지 않는다.

만일 마당발 전략으로 인생을 살아간다면 자신의 힘만으로 처리해야 하는 영역에서 분명히 핸디캡을 가질 수밖에 없을 것이다.

나는 연구소와 기업의 경영자 역할을 하면서 이런 사실을 뼈저리게 느낀 바 있다. 창조와 경영 사이에서 균형을 유지하는 일이 얼마나 힘드는가를 해를 거듭하면 할수록 더욱 느꼈던 것이다. 자기 절제가 비교적 강한 나로서도 피로감을 느끼는 빈도가 점점 늘어나는 것을 확인할 수 있었다.

최대한 생활을 단순화시켜야 한다. 비전, 독표, 임무를 고려해서 선택, 집중해야 한다. 포기할 것은 포기하고 취할 것은 취하는 것이 중요하다.

두뇌란 거의 무한대에 가까울 정도로 많은 일을 처리할 수 있다. 그럼에도 불구하고 이것저것 잡다한 활동 모두를 잘할 수 있는 것은 아니다. 그래서 두뇌를 잘 다루는 일은 자기 자신을 제대로 경영하는 일과 동전의 양면 관계라고 할 수 있다. 꼭 자신이 하지 않아도 되는 일이라면 외부에 위임해버려라. 그리고 진짜 고부가가치 일

이거나 자신이 반드시 해야 할 일에 두뇌를 집중시키는 것이 현명한 선택이다. 그것은 원칙의 문제라기보다는 선택의 문제이자 생활 습관의 문제이다.

▒ 생활을 단순화시켜 본질적인 업무에 집중하라

14 　마 감 시 간 을 　활 용 한 다

두뇌를 적극적으로 움직이는 방법 중 또 한 가지는 마감 시간을 최대한 이용하는 것이다.

"하이! 두뇌님, 잘 아시겠어요? 현재 시간이 몇 시 몇 분인데 앞으로 몇 시 몇 분까지 반드시 마무리하셔야 합니다."

이런 명령어를 두뇌에게 익숙하게 하달할 스 있다면 그것만으로 두뇌가동률을 한껏 올리고 있는 셈이다. 그런데 말로 약속하는 것은 하지 않는 것에 비해 조금 낫긴 하지만 큰 효과를 거두기가 힘들다. 따라서 문장으로 작성해서 약속해야 한다.

나는 이따금 두뇌에 강력한 드라이브를 걸기 위해서 다음과 같은 방법을 사용한다. 쓰고 남은 복사지 한 장을 3번 정도 접은 후 '몇 시 몇 분 – 몇 시 몇 분'이라는 구호를 굵은 사인펜으로 써서 작업대 왼쪽이나 오른쪽에 세워둔다. 사인펜 석깔도 검은색만이 아니라 파란색, 초록색 등으로 변화를 준다.

그러니까 마감시간을 분명히 기록한 후 두뇌와 함께 프로젝트를 마무리하기 위해 뛰는 것이다. 매일 하는 것은 아니지만 생활이 조금 느슨해지거나 일에 더욱 박차를 가해야겠다는 판단이 들면 이런 방법을 사용하곤 한다. 물론 효과는 대단하다. 단순히 시간가계부를 기록하는 것보다 훨씬 효과적이다. 물론 이때 시간가계부도 함께 쓴다.

내가 이런 실험을 이따금 하는 이유는 스스로 매너리즘에 빠져드는 것을 방지하기 위함이다. 그러니까 삶에 변화를 주는 일종의 의식이라고 할 수 있다. 또한 경험에서 터득한 '벼랑 끝 전술(brinkmanship)'의 위대함 때문이기도 하다. 즉, 두뇌는 정해진 시간 동안 강력한 압박감이 존재할 때 믿을 수 없을 정도로 효과를 거둔다는 사실을 깊이 체험하였다. 그것은 경험을 통해서 갖게 된 굳은 믿음이 되었다.

'벼랑 끝 전술'은 삶에서 물리적 시간이란 그다지 중요하지 않다는 사실을 가르쳐주었다. 사람은 자신이 하기에 따라서 아주 짧은 시간 동안 대단한 성취를 이루어낼 수 있다. 그 힘은 바로 두뇌에서 나온다.

두뇌는 긴장감과 압박감이 고조될 때 폭발적인 에너지를 발산한다. 마감시간에 즈음하여 압박을 느끼고 긴장감이 고조될 때 두뇌 속에는 다양한 정보가 단일 목표를 위해서 대단히 빠른 속도로 조합된다.

어떤 직업이든 간에 관심을 두 가지로 모을 수 있다.

첫째, 어떻게 하면 생산성을 최대한 올릴 수 있는가?

둘째, 어떻게 하면 결정적인 기회를 포착하여 이것을 뒷받침할 수 있는 구체적인 아이디어를 잡을 수 있는가?

두 가지가 일어날 가능성은 평화시브다는 전시(戰時) 때 일어날 가능성이 더 높다. 그리고 만약 전시가 아니라면 전시가 끝난 이후의 막간 상태에서 일어날 가능성이 높다.

여기서 전시란 무엇을 의미하는가? 마감시간을 앞둔 시점에서 두뇌가 자신이 가진 역량을 총 동원허서 문지 해결을 위해 질주하는 그런 상태를 말한다. 여러분이 이런 경험적인 가설에 동의한다면 이런 상태를 아주 빈번하게 일상의 삶 속에서 인위적으로 만들어 내도록 노력하라.

그렇다면 그 방법은 무엇일까? 늘 뜻이 있으면 길은 있게 마련이다. 인위적으로 두뇌가 질주하는 상태를 만드는 것이다. 그러나 항상 두뇌가 질주하는 상태를 유지할 수는 없다. 지쳐 나가 떨어질 수 있기 때문이다. 강약을 조절해 나가는 방법으로 마감시간을 활용하면 된다.

마감시간을 정하고 두뇌를 질주시킨 후 약간의 휴식 시간을 주어 쉬게 하면 된다. 그런 후에 다시 마감시간을 정하고 질주시키고 휴식을 취하는 일을 반복해서 진행시키면 된다. 그런데 휴식을 취할 때 좋은 기회를 잡기도 한다.

이런 방법을 사용하면 놀라울 정도의 생산성 향상을 경험할 것이다. 그때 여러분은 한 명의 전사(戰士), 즉 'warrior'가 되어 있음을 느낄 것이다. 두뇌경영의 중요한 초석 가운데 하나임을 기억하라.

엄격한 마감시간으로 두뇌를 질주시켜라

 두뇌가동률을 높여라

15 사랑하고 믿는다

"그냥 외우면 지겹거든요. 그래서 각각의 뼈 이름에 이런 저런 의미를 붙여서 그것을 서로 연결하면서 외웠어요. 그런데 다른 것을 할 때도 그냥 외울 때보다 이렇게 재미있게 만들어 외우면 한결 쉽게 외워져요."

막내 아이가 지난 학기 동안 과학시간에 복잡한 뼈 이름들을 외워서 시험을 본 이야기를 들려주었다. 나는 아이의 이야기에 귀를 기울이면서 '나름대로 두뇌를 제대로 움직이는 방법을 익히고 있구나'라는 생각을 하였다.

일을 할 때마다 나는 마음을 잘 다스리는 것이 얼마나 중요한가를 깨닫게 된다. 지금 바로 목전에 두고 있는 일을 사랑할 수 있어야 한다. 사랑하는 경지까지 갈 수 없다견 최소한 즐겁게 할 수 있어야 한다.

덤덤한 마음 상태로 기계적으로 일을 하거나 마음이 콩밭에 가 있는 상태로 일한다면 그때 두뇌는 건성건성 돌아간다. 물론 여러분의 두뇌 속에 어떤 일들이 일어나고 있는지 다른 사람은 아무도 알 수 없다. 자기 자신을 제외하곤 말이다.

그러나 세상은 공정하다. 사랑하는 마음 없이 일하는 데 익숙한 경우라면 아마 성공하거나 그 분야에서 일가(一家)를 이룰 가능성은 아주 낮을 것이다.

왜 그럴까? 뇌 속에서 좋은 것과 싫은 것을 판단하는 역할은 편도체가 맡고 있다. 그리고 어떤 정보가 필요한가 아닌가를 판단하는 것은 해마이다. 그런데 편도체와 해마는 서로 이웃에 위치하면서 상당히 많은 정보를 주고받는 사이를 유지하고 있다.

만일 당신이 감정적으로 좋아하는 정보라고 판단하거나 필요한 정보라고 판단하면 두뇌는 더욱 생생하게 기억할 수 있다.

나는 두뇌를 작동시킬 때 이런 원리를 제대로 활용하기 위해 몇 가지 방법을 사용하고 있다. 그중 하나는 어떻게든 현재 하고 있는 일을 좋아하려고 노력하는 것이다. 그리고 그 일에 확실한 의미(意味)를 부여한다.

이를테면 '내가 하고 있는 이 일은 아주 중요하다', '이 일은 이 다음에 하는 어떤 일을 위해 필수적이다', '이 일은 훗날을 위해서 반드시 거쳐야 할 것이다’ 등과 같은 주문을 끊임없이 나 자신에게 주입시킨다. 어느 뇌 전문가의 의견처럼 나는 편도체와 해마를 잘 속이고 있는지도 모른다.

그렇게 하는 이유는 간단하다. 그래야 두뇌를 최대한 다이내믹하게 움직일 수 있기 때문이다. ‘시작이 반이다’ 라는 경구처럼 이런 마음 상태를 갖고 일을 시작하면 그 다음에 두뇌에 가속도를 붙이는 것은 시간 문제일 뿐이다.

그렇다고 해서 항상 내가 하는 일이 즐거운 것만은 아니다. 어떤 때는 미적미적 미루기만 할 뿐 일을 시작하지 못할 때가 있다. 반드시 해야 하는 일인데도 말이다. 그때는 일이 좋아질 때까지 그냥 앉아서 기다리지 않는다.

그러면 어떻게 하는가? 일의 아주 작은 부분을 눈을 지그시 감고 일단 시작해놓고 본다. 여기서 중요한 점은 일이 좋아질 때까지 마냥 기다리지 않고 일을 향해 돌진하는 것이다. 그렇게 밀어붙인 상태에서 한 순간 한 순간 정성을 들이다 보면 점점 하는 일에 애정을 갖게 된다.

이때 나는 나 자신의 심적 상태가 변화해가는 것을 찬찬히 바라보게 된다. '정말 하기 싫은데' 상태에서 '할 수 없지. 해야지' 상태로, 그 다음에는 '이제 시작한다' 상태에서 '해보니까 그래도 괜찮은데' 상태로, 마지막으로 '이렇게 재미있는데 왜 그렇게 시작하는 걸 싫어했을까'에서 몰입 상태로 변화해간다. 자동차의 자동변속장치 기어가 자신도 모르는 사이에 한 단계 한 단계 높아지듯이 두뇌의 가동률도 높아진다는 사실을 느낄 수 있다.

항상 지금 하고 있는 일을 좋아할 수는 없다. 그러나 인위적으로 좋아하는 상태로 만드는 테크닉을 나름대로 익힐 수 있다면 같은 시간을 일하더라도 그 성과는 아주 달라질 것이다.

새벽에 일찍 일어나는 습관이 오래 되었는데도 여전히 새벽에 일을 시작하려면 힘들다. 게다가 하루 종일 일을 사랑하는 경지까지 끌어올리지 못해 힘들어할 때가 종종 있다.

그러나 나는 여전히 짧은 시간 안에 일에 대한 태도를 그저 그런 상태에서 일을 좋아하는 상태로 나 자신을 설득하는 방법이나 습관을 들이기 위해 이런 저런 시도를 해가면서 배워가고 있는 중이다.

왜냐하면 자연적이건 인위적이건 간에 일단 일을 사랑하는 마음 상태로 바꾸어 놓으면 그 상태가 만들어내는 성과가 아주 크기 때문이다.

지금 하고 있는 일을 사랑하라

16 가지 않는 길을 간다

"아! 그거, 옛날에 다 해본 거야."

"아! 그거, 할 수 없어. 왜냐하면……."

나이가 들면서 우리에겐 이것저것 익숙한 것이 늘어간다. 여러분 중에서는 "언제부터인가 이것도 안 되고, 저것도 안 된다"는 말이 술술 흘러 나오는 사람이 없기를 바란다.

평균적으로 나이와 함께 사람들은 사고하는 방법에서 몇 가지 자기만의 틀을 만들게 된다. 이를 두고 '정신적 감옥' 혹은 '정신적 덫'이라 부르기도 한다.

- 그것은 옛날에 다 해본 것이다.
- 그것은 불가능한 일이다.
- 그것은 나이에 걸맞지 않다.
- 그것은 정확하지 않다.
- 그것은 논리적이지 않다.
- 그것은 규칙에 맞지 않다.

- 그것은 실용적이지 않다.
- 그것은 유치한 일이다.
- 그것은 내 분야가 아니다.
- 그것은 모호하다.
- 그것은 실패할 가능성이 높다.

어쩌면 당신도 알게 모르게 이런 정신적 감옥에 수감된 수인(囚人)처럼 살아가고 있을지도 모른다. 정신적 감옥은 거대한 성채처럼 어떤 종류의 새로운 발상을 불가능하게 만든다.

만일 당신의 두뇌가 정신적 감옥이 제공한 매뉴얼이나 로드맵에 따라 움직인다면 우선은 편안할 것이다. 별다른 고민 없이 살아갈 수 있기 때문이다.

그러나 새로운 부가가치를 만들어낼 수 있는 가능성은 줄어든다는 점을 감수해야만 한다. 아니면 미래의 어느 날 위험에 빠질 수도 있다. 생활의 일상적인 면을 천천히 매뉴얼화해서 정형화하는 일은 매우 바람직한 일이다.

그러나 매뉴얼화해서는 안 되는 분야는 바로 창의적인 아이디어나 기회를 위한 두뇌 작동과 관련된 부분이다. 당신은 새로운 시도를 끊임없이 방해하는 정신적 감옥을 무너뜨리는 작업을 해야 한다.

그래서 나는 모두 전사(戰士)가 되어야 한다고 생각한다. 전쟁터에 선 전사가 아니라 정신적 전쟁터에 선 전사를 말한다. 하나의 프로젝트를 수행할 때에도 전사로서 임하는 사람과 정신적 감옥에 갇힌 사람은 다르다. 전사로서 임하는 사람은 끊임없이 도발하고 도전하기 때문에 그곳에서 창조가 이루어진다.

두뇌를 활용하면서 고정관념, 편견, 선입관, 상식들을 끊임없이 뒤엎을 수 있는 용기를 가져야 한다. 그런 용기는 위험을 기꺼이 안을 수 있는 심적 상태를 공급할 것이다. 이런 심적 상태를 유지할 수 있는 사람은 스스로 운명을 개척해 나가는 강한 신념과 믿음을 가진 사람들이다. 이들은 도전을 통해서 상식이나 고정관념을 벗어던졌을 때 얻는 결실이 무엇인지 알게 된다. 이러한 성공체험이 축적되면서 그들은 지적인 도전이 삶의 습관으로 뿌리깊게 자리잡았음을 알게 된다.

　두뇌가동률을 높여라

두뇌기반경제에서 지적 도전은 부가가치의 원천이 된다. 그러나 누구나 이것이 가능한 것은 아니다. 객관적으로 배움이나 학위라는 면에서 걸출한 성과를 낸 사람들이 후반부 인생에서 그다지 두각을 나타내지 못하는 것은 결국 정신적 감옥에서 탈출할 지혜와 용기를 갖지 못하기 때문이다.

인생의 승패는 상당 부분 지적 도전을 즐기는 사람인가, 아니면 기존의 질서를 그대로 받아들이는가에 달려 있다. 당신은 어떤 부류에 속하는가? 만일 '나는 지적 도전을 무척 즐기는 사람이다'라는 평가가 나오지 않는다면 터닝 포인트를 만들어야 한다.

내가 권하고 싶은 방법은 언어를 지배해야 한다는 것이다. 자신의 입을 통해서 "나는 평범한 사람인데요"라든지 "나는 보통사람입니다" "나는 창의적이지 않은데요"와 같은 언어가 나오지 않도록 유념해야 한다.

독일의 법률가이자 강연자인 마르코 폰 뮌히하우젠은 자신을 가두어 버리는 언어를 '내면의 악마'라고 표현한 적이 있다. 내면의 악마가 결코 당신의 입 밖으로 나오지 않도록 하라.

- 난 못해! 절대 불가능한 일이야!

- 그건 아무도 못해! 그럴 가치가 없어! 어쨌든 아무런 의미가 없어! 그런 짓은 아무도 안 해!

- ……해야 할 텐데, 원래…… 하면 안 되는데.

- 아직은 아냐. 일단 다른 것부터 하고.

- 괜찮아! 별로 중요하지 않아. 다들 그렇게 해.

- 우리가 할 일이 아냐. 나랑 무슨 상관이야.

- 다른 사람들이 더 잘해. 늘 그렇게 해왔어.

- 가만 있으면 중간은 가. 실패하면 어떡해.

- 하던 일이나 잘해.

요컨대 언어가 당신의 내면 세계를 반영할 뿐만 아니라 역으로 언어가 당신의 내면 세계를 만들어 간다는 사실을 기억하라.

소극적이고 부정적인 언어와 정신적 감옥에서 탈출하라

17 항 상 새 롭 게 시 작 한 다

"도전을 수반하지 않는 일을 반복해서 하는 것은 말 그대로 두뇌와 정신을 무디게 할 뿐입니다. 늘 따분한 일과만 반복하면 많은 두뇌 기능이 퇴화하는 큰 대가를 치르게 됩니다. 하지만 경우에 따라서는 가장 도전적인 일조차도 정체되는 시기가 있습니다."

이는 워싱턴 대학에서 이루어진 어느 연구 결과이다. 일상생활을 되돌아보면 어느 한 가지 일에 지나치게 익숙해졌을 때 어떤 일이 일어나는가를 쉽게 짐작할 수 있다. 한 마디로 두뇌와 정신 모두가 무디어진다.

그때 두뇌 내부에서는 무슨 일들이 일어날까? 저명한 리처드 레스탁 박사는 "어떤 일이든지 너무 익숙해져서 판에 박힌 일이 되고 나면 두뇌의 중요한 영역들이 활력을 잃어버려 최적의 활동을 할 수 없게 된다"고 말한다.

어떤 일에 너무 익숙해진다는 것은 매너리즘과 권태에 빠지기 쉽다는 것을 말한다. 이런 상태에 빠지면 역동적인 두뇌 활동을 기대할 수 없다.

이 글을 쓰고 있을 무렵 오랫동안 알아왔던 한 사람이 전화를 걸어왔다. 그는 한 직장에서 25년 동안 근무했는데 이제 직장을 떠나야 할 시점이 되었다고 말했다. 유수한 대학을 나왔고 좋은 직장에서 임원까지 올라 갈 수 있었기 때문에 직장인으로서는 어느 정도 성공한 셈이었다. 그러나 그는 인문계 출신으로 간접 부분에만 머물렀고 경력을 다양화하지 못하였다는 약점을 갖고 있었다.

"아직 구체적으로 무엇을 해야 할지를 정하지는 않았습니다. 그런데 좀 두렵네요."

"누구나 두렵긴 하지만 인생이 너무 길다고 생각합니다. 포맷을 깨끗하게 다시 하고 이모작 인생에 대해서 깊이 생각해보시지요."

"그런데 아직 절실하지 않은 탓인지, 아니면 너무 이 생활에 익숙한 탓인지 정신이 바짝 들지 않네요."

이런저런 이야기를 하다가 전화를 끊었다. 그러고 나서 나는 '왜 사람들은 일찍부터 이런 일을 대비하지 않을까?'라는 질문을 던졌다. 40대, 50대면 조직을 떠날 수밖에 없다. 그런 명백한 사실을 있는 그대로 받아들인다면 조직 생활을 하는 동안 미래를 준비해야

 두뇌가동률을 높여라

하지 않을까?

조직에서 당신이 어떤 일을 맡고 있든지 간에 그 업무를 어떻게 하고 있느냐는 현재의 성과뿐만 아니라 미래 준비를 위해서도 대단히 중요하다. 당신의 업무는 두뇌를 예리하게 다듬어 나가는 데 중요한 역할을 할 수 있다. 우리의 생활이 늘 새롭고 박진감을 느낄 수 있는 것은 아니다. 대부분의 일상은 평균적인 의미에서 진부하고 반복적이다. 이런 객관적인 상황 속에서도 그것을 새로운 경험으로 받아들이는 사람은 항상 존재한다. 그들은 일상의 반복적인 일을 새롭게 정의하고 바라보는 데 성공한 사람들이다.

그래서 나는 항상 어떤 일을 하든지 간에 문제를 새로운 각도에서 정의하고 해결하는 습관을 가져야 한다고 본다. 늘 새롭게 문제를 받아들일 수 있다는 것은 사고의 습관이다. 자칫 진부해지기 쉬운 일상의 반복적인 활동을 스스로 도전적인 일로 변형시킬 수 있는 노하우를 갖고 있어야 한다. 오랫동안 해온 일이라 할지라도 매번 새로운 점이나 의미 그리고 흥미로운 점을 찾아내 보라. 즉, 두뇌에게 항상 새로운 도전과제를 제공해야 한다. 그것은 자신 이외에는 어느 누구도 추진할 수 없는 두뇌 가동 프로젝트에 해당한다.

그렇지 않으면 두뇌는 평균 이하의 가동률로 내려갈 수밖에 없다. 앞에서 예를 든 사람은 분명 25년간 한 직장에서 일하면서도 일상의 일을 도전적인 일로 변형시키는 데 실패하였다. 만일 그렇지 않다면 25년간의 경력은 그에게 무엇을 하면 앞으로 살아갈 수 있을 것인가에 대한 대안을 이미 제시하였을 것이다. 왜냐하면 대개 도전적인 일로 변형시켜온 사람에게 10년 전후의 시기는 충분히 새로운 일에 대한 구체적인 해답을 얻을 수 있기 때문이다.

타인의 눈에 아무리 단조롭게 보이는 일조차도 도전적인 일로 변형시킬 수 있다면 두뇌는 항상 새로운 일처럼 기운을 회복할 것이다. 만일 새로운 점을 찾아낼 수 없다면 아주 짧은 시간이라도 마치 전부를 거는 것처럼 골똘하게 집중해서 일을 해보라. 아주 진부한 일조차 새로워질 것이다.

나는 다작(多作)을 하는 사람이다. 그리고 많은 곳에서 강연을 한다. 그럼에도 불구하고 흥미를 잃지 않는 이유는 무엇일까? 그것은 항상 새로운 관점, 새로운 시각, 새로운 포인트를 중심으로 문제를

재정의하고 이를 통해서 두뇌에게 새로운 과제를 부여할 수 있기 때문이다. 두뇌는 저절로 돌아가지 않는다. 계속해서 해결해야 할 숙제를 제공해야 한다. 여러분은 그렇게 하고 있는가?

카를로스 곤의 자서전에 흥미로운 부분이 있어 소개한다. 그가 닛산 자동차의 CEO로 부임하였을 때의 일이다.

1993년 3월, 닛산 사장으로 부임하여 집무실에 수익성의 결여, 과도한 시장점유율 지향, 복잡하고 불투명한 책임 소재…… 등 산적한 문제 때문에 보통 사람이라면 문제에 압도될 수 있는 상황이었다. 그럼에도 불구하고 그는 집무실에 앉아서 자신에게 이렇게 다짐한다.

"지금까지 경험해온 것은 모두 이 순간을 위한 수업이었다. 회사 재생, 조직 재편과 구조조정, 직원의 의식과 행동의 변혁, 두 기업 문화의 융합이라는 이문화(異文化) 경영 등 비록 규모는 작았다고 해도 지금까지 내가 경험한 이 모든 것이 이 순간을 위한 것이었다."

바로 여기에 비밀이 숨어 있다. 어떤 상황에서든 주어진 문제를 자신의 시각으로 새롭게 정의할 수 있다면 두뇌는 항상 새로운 과제를 부여받고, 이 과제를 해결하기 위해 최선의 노력을 다하게 된다. 매너리즘과 권태를 날려버려야 한다. 여러분이 몇 년 동안 어느 한 특정 분야에서 일을 해왔든지 간에 두뇌에 새로운 문제를 제공할 수 있는 방법을 익히지 못하면, 그 세월은 그다지 의미가 없을 것이다. 매너리즘과 권태는 두뇌 활동에 커다란 장애물임을 꼭 명심해야 한다.

홍명보 선수가 자신의 축구 인생에서 매너리즘과 권태를 맞았던 시기를 회상하는 것을 본 적이 있다. '인생은 자신이 만들어 가는 것이고, 자신이 준비하고 노력하지 않으면 인생에서 바뀌는 것은 아무것도 없다'는 삶의 철학은 그런 어려움을 극복하는 과정에서 생겨난다.

"1997년, J리그에 진출하기 이전에 저는 K리그에서 최고의 자리인 MVP를 거머쥔 이래 목표를 상실했습니다. 아직 한창 나이인 저에게 목표가 없다는 것은 최악의 상황을 의미합니다. 축구 선수로서 아직 더 발전해야 하는데, 목표를 잃고 현실에 안주해야 한다고 생각하니 너무 끔찍했습니다. 그래서 저는 어떻게든 다른 돌파구를 찾아야 했습니다. 그것이 J리그였던 것입니다.

저에게 J리그는 일본이라는 나라를 떠나, 새로운 세계에서 처음부터 다시 축구를 시작하는 셈이었습니다. 그러한 문화적 충격이 있었기에 저는 더 노력하고 더 좋은 선수가 되기 위해서 준비했던 것입니다. 그리고 일본에서 한국 축구가 무엇인지를, 그리고 일본의 한국 교포들이 제가 뛰는 모습을 보고 희망을 갖도록 하겠다는 목표가 저를 채찍질한 것입니다.”

매너리즘과 권태를 주의하고 새로운 도전과제를 부여하라

18　　믿음이　생각을　낳는다

"우리는 먼저 사고(thinking)하고, 그 사고의 결과로 느끼고(feel), 그 다음에 그 느낌에 근거하여 행위(action)를 한다."

심리학자 윌리엄 제임스 박사는 이를 'T-F-A모델'이라 부른다. 부정적인 사고를 긍정적인 사고로 전환함으로써 부정적인 느낌과 행동에 대한 제어를 시작할 수 있다는 것이다.

그러면 생각은 어디에서 나오는 것일까? 생각의 기초는 무엇일까? 만일 생각의 기초를 제대로 이해할 수 있다면 두뇌 활용법에 대한 이해를 높일 수 있을 것이다.

인지심리학 분야를 개척한 심리학자 앨버트 엘리스 박사는 우리에게 '믿음(belief)'이라는 단어를 제시한다. 그는 '믿음(한 개인이 가지고 있는 세상과 삶에 대한 일반적인 시각)이 생각의 근원'이라고 말한다. 결과적으로 믿음은 생각을 낳고, 생각은 느낌을 낳고, 그리고 그 느낌은 행동을 낳는다는 이른바 'B-T-F-A 모델'이 형성되는 것이다.

누군가 건실한 믿음을 가질 수 있다면 그는 부정적인 생각, 느낌 그리고 행동을 탈피해서 긍정적인 생각, 느낌을 가지고 행동할 수 있을 것이다. 그러므로 자신이 추구하는 목표를 향해서 건설적으로 두뇌를 작동시키고 싶다면 자신의 믿음 체계를 정밀히 조사할 필요가 있다. 올바르지 못한 믿음 체계를 갖는 것은 모래 위에 건물을 짓는 것에 비유할 수 있다.

부실한 기초가 언제나 문제를 야기하듯이 잘못된 믿음은 부정적이고 소극적인 사고를 낳는다. 적극적 사고 방식으로 유명한 노먼 빈센트 필 센터는 자신을 제한하는 '자기 제한적 믿음(self-limiting belief)'이라는 여덟 가지 사례를 들고 있다.

1. 내 인생에 장애물은 없어야 한다.

2. 나는 내가 원하는 것을 내가 원할 때 얻어야 한다.

3. 실수한다는 것은 정말 끔찍한 일이다.

4. 내 느낌은 나도 어쩔 수 없다.

5. 사람들은 나를 좋아해야만 한다.

6. 일을 잘 하지 않으면 아무 쓸모가 없다.

7. 사람들은 나를 공정하게 대해주어야 한다.

8. 나에게 심하게 하는 사람들은 벌을 받아 마땅하다.

각 사례를 읽으며 당신의 믿음을 조사해보라. 혹시 내 인생에 장애물은 없어야 하고, 내 인생은 항상 거침없이 펼쳐져야 한다고 믿는 사람은 없는가? 혹시 나는 무조건 인간적으로 살 만한 천부인권을 갖고 태어났다고 믿는 사람은 없는가?

앨버트 엘리스 박사는 사람들이 가지는 다양한 모양의 자기 제한적 믿음을 네 가지 범주로 나누었다.

첫째, 엄청나게 과장하는 진술(awfulizing statement) : 상황을 지나치게 극적으로 표현하는 것.

둘째, 마땅히 그러해야 한다고 강조하는 진술(should, ought, must statements) : 이것은 자기 자신과 타인과 상황에 대한 비현실적인 요구와 기대치에서 기인한다.

셋째, 인간의 가치를 평가하는 진술(statements of evaluation of human worth) : 자기 자신이나 다른 사람에 대하여 어떤 사람이 다른 사람보다 더 크거나 더 작은 가치를 가졌다는 것을 의미함.

넷째, 욕구 진술(need statements) : 자신이 원하는 특정한 욕구가 충족되지 않으면 생존할 수 없거나 살아 있다고 해도 행복할 수 없다는 것.

그는 이런 잘못된 믿음이 세 가지 핵심적인 부조리를 낳는다고 한다. 자신을 비하하려는 충동, 관용이 없는 편협과 좌절, 그리고 타인에 대한 비난과 책망이다.

나는 일찍부터 믿음의 중요성을 절감해온 사람이다. 어쩌면 내가 30대에 혼신의 힘을 바쳐서 자유주의 사상을 전파하기 위해 연구소를 만들고 동분서주하였던 것도 제대로 될 생각의 틀이나 믿음 없이 개인, 조직, 국가의 성공은 불가능하다고 믿었기 때문이다.

나는 인생에서 만나는 장애물이란 필연적인 것이라고 생각한다. 그렇기 때문에 인생의 길에서 만나는 좌절과 도전은 모두 스스로 해결해 나가야 한다. 자신의 두뇌와 손발을 이용해서 생계를 해결하는 것 이외에 어느 누구에게 그 책임을 돌릴 수 없는 것이다. 또한 최선의 노력으로 자신의 삶을 만들어야 하며, 모든 선택에 대한 결과도 스스로 책임을 져야 한다고 믿는다.

때때론 운명의 가혹함이 너무나 불공평한 일을 준다 하더라도 결국 스스로 책임져야 할 일이라는 사실을 받아들인다. 언제나 실수할 수 있다. 다만 실수를 딛고 일어설 수 있느냐는 결국 개인의 책임이다. 사람들은 우정, 이익 등으로 만나긴 하지만 결국 마지막엔 혼자서 살아가야 한다는 그 사실도 아울러 받아들인다.

결국 내가 하는 모든 생각과 행동의 밑바탕에는 또렷한 믿음 체계가 놓여 있다. 그것을 한 단어로 표현하면 '자조(Self-help)'이다. '나는 하늘은 스스로 돕는 자를 돕는다'는 믿음 위에 모든 사고와 행동을 쌓아올리고 있다.

자존은 자신의 행운과 불행의 원인을 타인이나 사회에 돌리지 않는다. 그 결과 부단히 자신을 갈고 닦으면서 모든 영광과 실패를 스스로 감당해야 한다는 믿음을 갖게 되는 것이다. 그리고 두뇌는 그런 믿음에 맞는 결과물을 내놓기 위해 최선을 다해 움직인다.

나는 믿음의 힘이 정말 대단하다고 생각한다. 건설적인 믿음을 가진 사람이 실패할 가능성은 아주 낮다. 왜냐하면 건실한 믿음은 생산적이고 건설적인 사고를 낳고 그것은 합당한 행동으로 연결되기 때문이다.

역경을 이겨내는 사람들을 보라. 그들에게는 '인생은 스스로 만들어 가는 것'이라는 강한 믿음이 있다. 그 믿음은 사고에 강한 암시와 동기를 부여한다. 아우슈비츠 감옥에서 성환에 성공한 빅터 프랭크 교수는 인간만이 가질 수 있는 신념의 힘을 이렇게 갈파한다. "한 인간에게서 모든 것을 빼앗아갈 수 있어도 단 한 가지, 주어진 어떠한 환경에 놓이더라도 자기의 태도를 선택하고 자기 자신의 길을 선택할 수 있는 마지막 남은 인간의 자유만은 빼앗아 갈 수 없다." 결국 삶의 도정은 본질적으로 문제를 해결해가는 과정이라는 것을 받아들여야 한다.

'자조(Self-help)' 라는 믿음 위에서 사고하라

19 신 체 리 듬 을 살 린 다

활력은 두뇌 활동에 직접 영향을 미친다. 그렇기 때문에 활력이 강하면 강할수록 두뇌에 더 많은 요구를 할 수 있다. 두뇌를 적극적으로 이용하고자 한다면 활력을 유지할 수 있어야 한다.

선천적으로 활력이 넘쳐 나는 사람들이 있다. 만일 당신이 이런 부류에 속한다면 행운아이다. 평균적으로 볼 때 활력은 타고난 체질이나 성격뿐만 아니라 신체 리듬에 크게 좌우된다. 설령 타고난 체질이나 성격이 뛰어나지 않더라도, 자신의 신체 리듬을 잘 이해하고 그것을 제대로 이용할 수 있다면 활력을 유지할 수 있다. 즉, 일을 할 때 지나치게 활력을 소진하지 않도록 주의하면 누구든지 활력을 유지할 수 있고, 아울러 두뇌에게 최대한의 일을 하도록 요구할 수 있다.

나 또한 처음부터 이렇게 많은 일을 할 수 있었던 것은 아니다. 30대 초반만 하더라도 쉽게 피로감을 느껴서 퇴근 후 집에 돌아가면 거의 탈진할 때가 많았다. 그때의 경험으로 지금까지 매우 중요한 역할을 하고 있다. 왜 이렇게 쉽게 피로감을 느낄까? 라는 의문에

대한 해답을 구하기 위해 나름대로 노력을 했던 것이다. 그때 내가 발견한 것은 두 가지 문제였는데, 그 하나가 콘택트 렌즈였다. 콘택트 렌즈가 눈에 피로를 주고 이것이 몸 전체에 퍼져 피로를 누적한다는 것을 발견한 것이다. 이 문제는 훗날 라식 수술로 해결하였다. 다른 또 하나는 일하는 습관이었다. 일을 할 때 단기간에 전력투구하여 에너지를 필요 이상 많이 소모하는 방식으로 한다는 것을 알게 된 것이다.

두 가지 방식을 고치는 과정에서 나는 신체 리듬에 각별한 관심을 가졌다. 즉, 신체 리듬과 두뇌 활동 그리고 일의 양이나 질에는 큰 상관 관계가 있다는 것이다. 이후 나는 꾸준하게 나를 상대로 이런 시도, 저런 시도를 해보면서 몇 가지 사실을 깨달았다. 누구나 신체 리듬이 있다는 점이다. 이 신체 리듬을 제대로 파악해서 업무의 중요도와 성격을 적절히 배치하면 큰 효과를 거둘 수 있다.

아무리 활력이 넘치는 사람이라도 하루 종일 그런 상태를 유지할 수는 없다. 그러므로 자신이 새벽형 인간인가, 아니면 저녁형 인간인가를 파악해야 한다. 다시 말해 종달새형 인간인가, 부엉이형 인

간인가를 알아야 한다.

나는 철저한 새벽형 인간이다. 새벽 시간에는 활력이 넘쳐흘러 이 시간에 하루 활동 가운데 정신적인 에너지가 필요한 대부분의 일을 처리한다. 주로 창작을 하는데, 특정 주제를 놓고 컴퓨터 화면을 마주 하면서 글을 쓰다 보면 아주 종종 무아지경에 빠지기도 한다. 나는 보통 사람들에 비해서 훨씬 많은 일을 처리한다. 그 비결은 나 자신의 신체 리듬을 정확하게 파악해서 그것을 두뇌 활동과 연결할 수 있었기 때문이다. 그러나 해가 지는 시기가 되면 나의 활력도 소진되고 두뇌 활동도 속도나 강도가 떨어진다. 요즘은 활동이 일조량과도 관련이 있지 않나 생각해볼 때도 있다.

신체 리듬은 사람마다 고유하다. 이것을 훈련을 통해서 바꾸는 일은 대단히 어렵다. 일종의 구조적인 문제라고 본다. 그래서 자신의 구조가 어떻게 만들어져 있는가를 살펴보는 일이 중요하다. 영국 서레이 대학의 연구팀이 500명의 유전자를 조사한 결과 저녁형 인간은 새벽형 인간에 비해 신체리듬을 조절하는 유전자인 '피어리어드 3'이 더 짧다는 연구 결과를 내놓았다. 연구팀을 이끌었던 사

이면 아처 박사는 "수면습관이 유전자에 의해 결정된다는 의미"라고 말하면서도, "유전자 외에도 생활습관 등도 수면습관에 영향을 어느 정도 미칠 수 있기 때문에 열심히 노력하면 수면습관을 바꿀 수도 있다"고 말하였다. 늦잠 자는 사람에겐 다소 위안이 될 수 있을지 모르지만, 나에게는 새벽형 인간과 저녁형 인간은 하나의 주어진 조건이자 구조에 가깝다고 평소의 생각을 확인시켜준 연구결과였다. 때문에 우리가 할 수 있는 최선의 방법은 조건에 따라서 자신의 두뇌 활동을 어떻게 적절히 배분할 것인가를 생각하는 일이다. 나는 아주 섬세하게 나 자신의 신체 리듬을 바라보기를 좋아한다. 예를 들어 점심때 지나치게 많은 음식물을 먹으면 두뇌 활동이 급속하게 축소되기 때문에 대부분 간단하게 점심을 먹는데, 이 또한 신체 리듬을 고려한 결과다.

어떤 상황에서든 저녁이 되면 두뇌 활동은 점점 생산성이 떨어진다. 이를 극복하기 위해서 여러 가지 실험을 해보았지만 별로 효과를 거두지 못하였다. 그래서 나는 저녁이 되면 조깅을 하거나 가벼운 책을 읽는 등 두뇌 활동이 저하도었을 따 할 수 있는 적절한 활

동을 배치하였다. 그리고 일찍 잠자리에 든다.

내가 활력을 유지하기 위해서 즐겨 사용하는 방법은 일과 중에도 자주 일어서서 이리 저리 옮겨 다니면서 생각을 다듬는 것이다. 아마도 이것은 긴장을 푸는 일과 관련이 있으리라 본다. 지나치게 긴장을 하지 않는 것도 활력을 유지하면서 두뇌 활동을 활발하게 할 수 있는 방법 가운데 하나다. 이를테면 지금 쓰고 있는 부분의 글도 초안을 마친 상태에서 책상을 떠나 10분 정도 천천히 걸으면서 생각하다가 들어와서 다듬고 있다. 왜? 지나치게 긴장하지 않도록 하기 위함이다.

캘리포니아 주립대학의 심리학자인 로버트 다이어는 신체리듬과 두뇌 활동 사이의 연관관계에 대해서 흥미로운 연구 결과를 제시하였다. 그는 누구나 침착한 활력 상태, 침착한 피로 상태, 긴장된 활력 상태, 긴장된 피로 상태를 마치 사이클처럼 경험한다고 말한다.

침착한 활력 상태는 의욕과 활기를 느끼면서도 피로나 긴장감을 전혀 느끼지 않는 상태다. 그 뒤를 잇는 것은 침착한 피로 상태다. 일을 마무리한 다음에 흔히 경험하는 상태, 즉 피로를 느끼지만 편

안한 상태를 말한다. 다음으로 긴장된 활력은 팽팽한 긴장감을 느끼면서 최고의 업무 효율로 일을 처리하는 상태를 말한다. 열의와 아울러 고양된 기분으로 일하는 상쾌이다. 마지막으로 긴장된 피로는 스트레스를 느끼거나 일정 수준 이상 에너지가 소모되었을 때 생기는 아주 부정적인 기분 상태를 말한다.

누구나 자신을 잘 관찰해보면 이런 상태를 하나의 사이클처럼 경험하고 있음을 알 수 있다. 이와 같이 신체 리듬을 제대로 활용한다면 같은 물리적 시간을 일하더라도 두뇌를 충분히 활용할 수 있다. 따라서 현명한 사람은 중요한 일을 대부분 침착한 활력 상태나 긴장된 활력 상태에서 처리할 것이다. 왜냐하면 이 시간에 두뇌가 가장 효과적으로 작동하기 때문이다. 그 밖의 일상적인 활동은 다른 상태에서 처리한다. 긴장된 피로 상태라고 판단하면 쉬는 것이 상책이다. 이 상태에서 무엇인가 새로운 일을 하겠다고 나서면 자칫 패배감이나 무기력함을 느낄 수 있다.

경험이 나에게 분명히 가르쳐준 것은 신체 리듬으로 두뇌 활동이 고양된 상태에서 중요한 일들을 처리하라는 것이다. 그리고 나머

지 상태에 들어가면 큰 욕심 부리지 말고 휴식을 취하라는 것이다. 아주 예외적인 경우를 제외하곤 이런 리듬을 무시하고 일을 추진했을 때 그 결과물이 좋았던 경우는 없었다. 그래서 나는 지금도 저녁 7시나 8시가 되면 깨끗이 책상을 정리하고 하루 일과를 마무리해 버린다. 왜냐하면 그 시간이 되면 긴장된 피로 상태에 들어가기 때문이다. 긴 휴식, 즉 잠을 자는 것 외에 긴장된 피로 상태에서 회복될 수 있는 방법은 없다.

신체 리듬을 조절하여 두뇌의 활력을 유지하라

20 읽 고 또 읽 어 라

사람은 누구나 자기만의 안경을 갖고 있다. 내가 책 읽기의 중요성을 지나치게 강조한다면 아마도 나만의 독특한 안경 탓일 가능성도 있다. 그럼에도 불구하고 나는 읽는 것의 중요성을 강조하고자 한다. 글을 읽는 것은 정보를 입수하는 과정이라고 이해할 수 있다. 이 부분은 2부에서 추가 설명을 할 것이다.

여기서 설명하고 싶은 것은 책을 읽는 일과 두뇌가동률을 높이는 일과의 연관성이다.

나는 무엇인가를 생각해내고자 노력할 때 몇 가지 방법을 사용한다. 첫째, 이런 저런 생각을 해보는 것이다. 혼자 앉아서 이런 저런 일을 상상해보고 이런 저런 상황을 가정해서 상상의 한계를 넓혀보는 것이다.

둘째, 주의 깊게 주변을 관찰하다가 발견한 소재나 대화를 나누다가 얻은 소재를 가지고 이런 저런 생각을 하는 것이다.

마지막으로 내가 가장 즐겨하는 사고 훈련은 책을 읽으면서 하는 것이다. 책을 읽으면서 특정 단어나 문장의 의미와 교훈을 현재 갖

고 있는 현안 과제와 연결시키면서 생각의 지평이나 한계를 확장하는 것이다.

책을 읽으면 사고할 수 있는 소재를 얻을 수 있다. 물론 이런 사고 과정을 통해서 비즈니스 아이디어를 포착해 실천에 옮겨서 좋은 성과물을 얻는 경우도 많았다. 그래서 나는 책의 범위를 거의 정하지 않는다. 다양한 소재의 책을 읽으면서 이제는 피로를 풀 수 있는 단계까지 도달한 것 같다.

여기서 주의해야 할 점은 '읽는 것만으로 그쳐서는 안 된다'는 것이다. 특히 비즈니스 현장에 서 일하는 사람들이 유념해야 할 점은 책을 통해서 얻은 지식을 반드시 직업 세계에서 활용해야 한다는 것이다. 실사구시(實事求是)하지 않는 책읽기란 별로 매력 없을 뿐만 아니라 계속적인 글읽기에 대한 동기를 제공하지 않는다.

책읽기를 이렇게 생각하면, 내가 이 책에서 이용할 수 있는 것은 무엇인가라는 질문을 던지면서 책을 읽어 나갈 수 있을 것이다. 이것은 매우 좋은 습관이다.

이따금 비즈니스맨 중에서 책읽기를 적절히 활용하는 사람들을 만

나곤 한다. 다른 사람들이 경험한 성공이나 시행착오에서 얻은 교훈을 책읽기처럼 싼 가격에 배울 수 있는 방법이 어디에 있는가? 책을 가까이 하면서 얻는 이익 중 또 한 가지는 자기 관점에서 사물이나 현상을 바라보는 힘을 키울 수 있다는 점이다. 비즈니스의 기회란 대개 자기 관점에서 바라볼 때 포착되는 경우가 많다. 이런 점에서 책읽기는 자신의 관점을 세우는 데 큰 역할을 할 수 있다.

내가 책읽기를 통해서 얻은 것은 잡다한 지식이 아니다. 그것은 세상을 자기 방식으로 바라볼 수 있는 힘과 통찰력이다. 그런 힘과 통찰력은 모호하고 혼란스러운 세상살이에서 든든한 빽이 되어 준다.

아침부터 나는 이 글을 쓰면서 틈틈이 빅터 데이브스 핸슨 외 『만약에 2』라는 책과 함께 리사 마시의 『캘빈 클라인』이라는 책을 읽고 있다. 『만약에 2』는 대체 역사에 관한 책인데, 세계사에 등장하는 25개의 명장면을 소개한다. 만일 그 사건이 없었다면 세계사가 어떻게 바뀌었을까를 다룬 흥미진진한 역사책이다. 제5장 세실리아 홀랜드의 '아메리카는 중국 땅'이라는 부분은 만일 15세기 명나라가 환관 정화의 해양 원정을 중지하지 않고 계속하였다면 어떤

일이 세계사에 일어났을까를 다루고 있다. 저자는 아마 워싱턴 D. C.는 중국 땅이 되어 있지 않을까라고 말한다.

그 시대로 돌아가서 생각을 하다 보면 사고의 지평이 대폭 확장된다. 만일 당신이 분주한 일상에서 책을 가까이 할 수 있다면 자신만의 세계를 두뇌 속에 건설할 수 있을 것이다. 자신만의 세계를 구축하는 데 성공한 사람은 언제, 어떤 상황에서나 당당하게 자신의 길을 고집할 수 있는 힘을 가질 수 있다.

나는 책을 읽으면서 아주 예리하고 섬세하게 그리고 객관적으로 세상사를 바라볼 수 있는 능력을 키워간다. 물론 읽는 것만으로는 충분하지 않다는 점을 다시 한 번 강조하고 싶다. 요컨대 내가 강력하게 추천하고 싶은 것은 틈만 나면 무엇이든 들고 다니면서 일단 읽어보라는 것이다. 그것이 책이든 잡지이든 간에 자신의 직업이나 문제와 연결해가면서 읽고 또 읽어라.

실용독서를 하면서 발견한 소재를 생각으로 연결하라

21 우 직 하 게 파 고 든 다

시간은 마냥 흘러간다. 흘러가는 세월을 한 군데 가두어서 무엇인가 새로운 것을 창조해야 한다. 여기저기 기웃거리다 보면 금세 시간이 흘러가 버린다. 하루도 그렇고 인생도 그렇다.

특히 분주하게 틀에 박힌 직장 생활을 하다 보면 금세 1년이, 5년이, 그리고 10년이 흘러 버린다. 그냥 세월을 흘려 보내고 싶지 않다면 항상 '한 우물을 파라'는 옛말을 명심하고 있어야 한다.

두뇌를 제대로 사용한다는 것은 무엇을 의미하는가? 다양하게 해석할 수 있을 것이다. 이 가운데 빠드릴 수 없는 것은 스스로 부가가치를 생산할 수 있도록 자신을 만들어 가는 것이다. 자신을 만들어 간다는 것은 곧바로 두뇌의 특정 분야를 집중적으로 개발한다는 것을 뜻한다.

한 분야에서 전문가가 되고자 한다면 물리적 시간 개념으로 최소 5년 정도, 최대 10년 정도를 전력을 다하면 된다. 물론 개발하는 강도는 사람마다 다르기 때문에 몇 년이라고 일률적으로 이야기하기는 어려울 것이다. 그러나 전심전력을 다한 5년이나 10년 정도면

일생을 살아갈 수 있는 교두보를 두뇌 속에 건설할 수 있다.

내가 여기서 건설이라는 용어를 사용하는 것은 집요하게 특정 분야를 파고드는 것이 두뇌 속에 도로망을 확장하는 것과 같기 때문이다. 특정 분야에 대한 정보와 관심의 양이 증가하면 할수록 두뇌 속에 그 영역을 담당하는 길이 넓혀지기도 하고 많아지기도 한다. 특정 영역을 담당하는 네트워크망이 아주 촘촘해진 상태를 생각하면 된다.

나는 글을 본격적으로 쓰면서 이런 사실을 체험해오고 있다. 지금까지 많은 책을 써오면서 두뇌 속에 글 쓰는 것과 관련된 도로망이 점점 확장되어 오솔길에서 큰 고속도로로 바뀌어 간다는 믿음을 갖는다. 물론 업무의 영역 또한 크게 향상되고 있음은 물론이다. 처음에는 아주 좁은 오솔길이었다. 그때는 글쓰는 소재를 잡기도 어렵고 글을 쓰는 방법도 서툴렀다. 그리고 한 권의 책을 쓰기까지 무척 큰 고통이 따랐다. 그러나 한 권, 두 권 책이 축적되면서 글을 쓰는 일이 마치 옷을 입고 벗는 것처럼 자연스러운 일이 되었다.

나는 두뇌 속에서 대단한 프로젝트가 진행되고 있다고 느낀다. 이

경험을 통해 집중적으로 노력하면 드뇌의 어떤 기능도 구축할 수 있다는 것을 알았다. 글을 읽는 능력도 나날이 향상되었다. 이 능력 역시 처음에는 기름을 치지 않아 삐걱거리는 바퀴처럼 무척 고통스러운 일이었다. 그러나 이제는 정말 빠른 속도로 기쁜 마음으로 정보를 입수하고 재창조할 수 있게 되었다.

한번이라도 두뇌를 개발해서 한 분야에 입지를 구축하는 데 성공한 사람은 다른 분야에 뛰어드는 데 두려움이 없다. 왜냐하면 자기 자신에 대한 확신이 있기 때문이다. 사용하지 않으면 두뇌의 도로망은 퇴화되어 버린다. 그러나 작심하고 일정 기간 집중 투자를 하면 어떤 기능이건 복원시킬 수 있다. 이런 믿음은 날로 평균 수명이 길어지고 직장을 떠나는 시기가 빨라지는 오늘날 우리에게 시사하는 바가 크다.

직장 생활 5년, 10년을 지내면서도 별다른 특화된 분야를 만들어내지 못하였다면 자신의 생활 태도나 습관이 잘못되었는지 반성해봐야 한다. 그리고 도로망 건설 프로젝트를 당장 시작해야 한다.

이것은 나만의 경험에 국한된 이야기는 아니다. 언젠가 어느 회사

사장을 만났다. 그는 다국적 기업에서 소프트웨어 세일즈를 익힌 다음 창업을 해서 수백억 원대의 매출을 기록하고 있었다.

"일찍부터 엔지니어지만 세일즈에 관심을 갖고 있었습니다. 처음 입사할 때는 5년 정도 머물면서 비즈니스의 모든 것을 배울 요량이었습니다. 그런데 5년 하고 나니까 좀 부족하더라고요. 그래서 9년을 머물렀습니다. 10년에서 1년 모자라는 해에 직장을 떠나서 창업을 하였지요. 그런데 9년 정도가 되던 해부터는 세일즈에 대한 문리(文理)를 터득하였다는 감을 느꼈습니다."

그분과 이야기를 나누면서 공유한 것은 무슨 일을 하든지 간에 10년을 전후한 기간을 집중 투자하면 문리를 터득할 수 있다는 것이었다.

한 분야에 붙박이를 하고 몇 년을 집중 투자하는 프로젝트를 진행해보라. 그 프로젝트야말로 두뇌경영의 핵심 부분에 속한다. 두뇌경영의 궁극적인 목적 가운데 하나는 부가가치를 지속적으로 만들어낼 수 있는 토대를 형성하는 것이다.

우리가 매일 살아가는 것은 일용할 양식을 장만하는 일 뿐만 아니

  두뇌가동률을 높여라

라 두뇌 속에 도로망을 확장해 나가는 일임을 깊이 명심해야 한다. 주어진 시간 동안 도로망 건설에 성공하지 못하면 긴 인생에서 생활 수준이 내려가는 것을 결코 피할 수 없다. 즉, 아무도 그 도로망 건설을 도와줄 수 없다는 것이다. 바로 자신이 결단하고 행동으로 옮겨야 한다. 그것도 비장한 각오를 하고서.

어쩌면 아직도 내가 새벽 일찍 일어나서 마치 수험생처럼 작업하는 것도 도로망 건설 프로젝트를 하고 있는 셈이다. 당연하게 생각할 수 있는 일이지만, 내가 여전히 신기하게 생각하는 것은 두뇌의 도로망이 날로 확장되어 간다는 감에 대한 확신이다. 무엇인가 새로운 것을 익히고 그것을 정상까지 끌어올리는 데 나이의 한계는 없다는 것이 나의 믿음이기도 하다.

소소한 이익을 제쳐두고 우직할 정도로 한 분야에 파고들어라

22 ____ 시 각 화 한 다

"골프채로 공을 칠 때 우리는 공이 원하는 방향으로 어떻게 날아갈 것인가에 대한 '정신적 이미지'를 먼저 머리 속에 떠올려 볼 필요가 있다. 그리고 그 샷이 어떤 모습으로 날아갈 것인가를 명확하고 '긍정적으로 시각화'해보라.

이때 주의할 점은 공이 착지할 위치까지의 탄도와 방향 그리고 지점을 상상해보아야 한다. ……만일 그러한 그림을 마음속에 그릴 수 없다면 원하는 공의 방향을 설정하여 곡선 형태로 뻗은 고속도로라도 그려보도록 하라.

이 모든 '시각화'의 과정에서 우리의 가능한 선택은 오직 우리의 '상상력'에 의해서만 제한될 것이다. ……우리에게 도움이 되는 '시각적 이미지'를 그려 보라. 이러한 시각화 과정은 골프 심리학에서 추구하는 가장 기본적인 측면 중의 하나이다."

정신 훈련 혹은 상상력 훈련의 중요성을 강조하는 리처드 쿠프 박사의 조언이다. 이것은 자기경영서의 고전으로 꼽히는 맥스웰 몰츠의 『성공의 법칙』이라는 책에 나오는 내용인데, 시각화 혹은 정

신적 이미지를 매우 강조하고 있다.

최근 몇 년간 신경과학자들이 해온 괄목할 만한 연구 성과는 우리가 직접 몸을 움직이지 않고 필요한 길을 상상하는 것만으로 그 수행 능력을 상당 부분 올릴 수 있다는 사실이다.

예를 들어 음악이나 스포츠 그리고 세일즈 같은 활동은 어떤 일을 하고 있다는 생각 혹은 상상만으로 두뇌에 변화가 일어난다. 이런 사실은 PET(양전자단층촬영)로 밝혀지고 있다. 거의 모든 분야에서 시각화 훈련을 적극적으로 이용하면 두뇌를 집중적으로 사용할 수 있다.

아마도 여러분은 두뇌가 목표 달성을 위해 좀더 왕성하게 활동하기를 바랄 것이다. 당장 실천에 옮겨서 효과를 볼 수 있는 방법은 이미 목표를 달성한 상태를 가정하고, 그 상태를 이미지화한 다음 마치 영화를 상연하듯이 그것을 반복적으로 자기 자신에게 보여주는 것이다.

맥스웰 몰츠 박사는 일찍이 이런 방식을 '정신의 영화관(The Theater of the Mind)', 즉 정신과 상상력 훈련에 관한 아주 특별한 방법이

라고 한 바 있다.

시간을 내서 흰 백지 위에 자신이 이루고 싶은 상태를 상상하면서 간략하게 스케치해보라. 그 다음 방해받지 않는 장소와 시간에 그림으로 표현한 이미지를 영화로 상영해보라. 이따금 자신의 '영화'를 수정해서 상영하되 반복적으로 상영하라.

나는 이 방법을 즐겨 사용하고 있다. 처음에는 조용한 장소나 방해받지 않는 시간을 원하였지만, 이제는 내가 원하는 어떤 장소, 어떤 시간이든 영화를 상영할 수 있다. 완벽하게 목표를 달성한 상태, 혹은 그것을 향해 달려가는 상태 등 몇 가지 화면들을 번잡한 지하철에서, 조깅을 하면서 땀을 흘릴 때, 부지런히 컴퓨터 자판을 두들기면서 글을 쓸 때 언제라도 상영할 수 있다.

나는 항상 두뇌 속에 영화관이 상설되어 있다고 생각한다. 버튼을 누르면 언제든지 영화가 상영될 수 있고 영화 속의 장면들은 언제나 나와 함께 한다는 생각을 한다.

글을 쓸 때나 청중들 앞에서 강연을 할 때 등 언제 어디서나 두뇌 속에는 몇 개의 장면들이 항상 상영되고 있다. 그때 두뇌 속에서는 어

떤 일이 일어나는가? 시각화는 두뇌에게 더욱 왕성하게 목표 달성을 위해 헌신하도록 강력한 동기 부여를 하게 된다. 그 결과 두뇌는 목표 달성을 위한 멋진 방법을 찾기 위해서 옅심히 활동하게 된다.

이런 방법의 효과는 언제 잘 드러나는가? 굳이 의식을 집중하지 않은 상태, 즉 무심코 바라보는 사물에서, 타인들의 이야기 속에서 비즈니스 기회나 아이디어를 포착해나는 경우 자주 일어난다. 이런 경험들을 할 때마다 나는 정신 혹은 상상력의 훈련 결과로 의식의 세계뿐만 아니라 잠재 의식 세계에까지 시각화의 효과가 미치고 있다는 생각을 하게 된다.

시각화가 주는 또 한 가지 효과는 일상에서의 일탈(逸脫)감이다. 살아가는 일은 만만치가 않다. 기쁠 때보다 힘들 때가 더 많다. 이런 생활을 늘 활기차게 할 수 있는 방법 중 한 가지는 자기만의 '영화'를 상영하는 것이다. 그렇게 하면 현실이 주는 중압감에서 벗어나 희망과 낙관을 잠시나마 느낄 수 있다.

나와 같이 다작을 하는 사람들도 마찬가지다. 글을 쓰는 일은 만만치 않은 작업이다. 아무리 많은 책을 집필한다고 해도 한 권 한 권

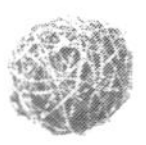

이 자신과의 승부를 다루는 일이기 때문에 그만큼 힘이 드는 것이다. 게다가 이따금 난공불락의 요새와 같이 앞을 가로막는 방해물이 나타나기도 한다. 이런 방해물을 극복하는 데 청량제와 같은 효과를 발휘하는 것이 자기만의 '영화'를 상영하는 것이다. 실망하거나 좌절하는 경우라도 잠시 동안의 상영으로 다시 용기를 얻고 나아갈 수 있다. 거의 비용을 들이지 않고 두뇌 활동에 원기를 공급할 수 있는 방법이다.

끝으로 골똘하게 현재 해결하고자 노력하는 현안 문제들을 갖고 시각화해보는 방법도 도움이 될 것이다. 예를 들어 여러분이 갑이라는 프로젝트를 두고 씨름을 하고 있다고 가정해보자. 조용히 눈을 감고 갑이라는 프로젝트의 전후 좌우 모든 프로세스와 관계를 맺는 사람들을 구석구석 마치 전조등을 비추듯이 살펴보는 습관을 가지는 것이다. 그러면 시행착오를 줄일 수 있는 부분이나 미처 발견하지 못했던 기회들을 잡아낼 수 있을 것이다.

자신만의 '영화'를 자주 상영하라

23   적당한 휴식은 필수

두뇌를 거의 무한정 회전시킬 수 있을까? 어느 전문가들은 육체에 비해서 두뇌는 피로를 거의 느끼지 않는다그 말한다. 더 나아가서는 두뇌는 절대 피곤해하지 않는다고 한다.

과연 그럴까? 나는 '두뇌도 피로를 쉽게 느낀다'고 본다. 그렇기 때문에 두뇌를 제대로 이용하고자 한다면 두뇌를 혹사해서는 안 된다고 강조한다. 정신적 에너지가 고갈되었다는 느낌이 들 정도까지 두뇌를 회전시켜서는 안 된다. 육체와 마찬가지로 강도 높은 활동과 적절한 휴식을 반복할 수 있는 두뇌 이용 방법을 익혀야 한다. 앞에서 이미 이야기한 것처럼 가능한 동일 회로 정체 현상이 발생하지 않도록 유념해야 한다. 예를 들어 좌뇌를 집중 사용하는 기획 업무를 하면서 전화를 수시로 받는 등의 활동은 필요 이상 두뇌에 피로를 가져온다. 이것이 누적되다 보면 스트레스를 받게 된다.

두뇌가 집중력을 유지할 수 있는 시간이 있다. 학교 수업이나 강연 등 시간이 정해져 있는 것도 두뇌가 집중할 수 있는 시간의 한계를 고려하였기 때문일 것이다. 몰입 상태에 빠진 경우를 제외하면 대

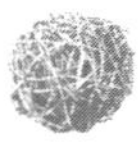

부분 고도의 정신 집중이 필요한 경우 1시간 내외에서 두뇌의 집중도가 떨어지고 피로감과 싫증을 느끼게 된다.

그렇다고 해서 1시간을 기준으로 하는 일을 매번 바꿀 필요는 없다. 몰입해서 몇 시간을 지속할 수 있는 경우가 아니라면 1시간을 전후해서 두뇌에 약간 휴식을 주는 방법을 익혀야 한다. 다시 말해 두뇌의 피로를 푸는 방법이다. 책상에 앉아서 주로 작업을 하는 사람이라면 서서 잠시 어슬렁거리는 방법도 도움이 될 것이다.

나는 일어서서 잠시 실내를 걷는 방법을 자주 사용한다. 걸으면서 몸을 이리 저리 움직인다. 두 발로 서는 방법은 이미 과학적인 근거를 갖고 있다. 즉, 인간이 두 발로 서 있으면 소뇌 앞쪽과 오른쪽 시각피질이 활성화된다고 한다.

또 다른 방법은 잠시 눈을 감고 머리 속에 이런 저런 생각을 떠올려 보는 것이다. 눈을 감은 상태에서 이런 저런 이미지를 떠올리는 일은 많은 도움이 된다. 예를 들어 좌뇌를 주로 사용하는 직장인이 눈을 감고 이미지를 떠올리면 우뇌의 영상 기능을 작동시키게 된다. 이와 같은 훈련은 정신적 피로감을 한결 덜어줄 것이다.

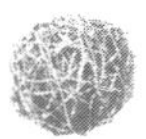

마지막으로 미식 축구공처럼 두 손에 꽉 잡을 수 있는 공을 좌우로 빠르게 주고받는 일을 반복한다. 이 역시 좌뇌의 기능 대신 우뇌의 공간지각력을 활성화하는 방법이다. 최근에 내가 즐겨 사용하는 방법인데 매우 유익하다. 좀더 시간이 있으면 아이들이 갖고 노는 레고 블록 등을 만지작거리는 방법도 괜찮다.

만일 당신이 장시간 집중적으로 두뇌를 이용하여 심하게 피로를 느꼈다고 가정하자. 당신이 할 수 있는 방법은 무엇이 있을까? 심한 피로감을 느낄 때나 장시간의 두뇌 활동 끝에 싫증을 많이 느끼는 경우라면 당신의 선택은 비교적 단순하다. 얼마간 일손을 놓고 눈을 감는 방법이 최선이다. 잠을 잘 수도 있고 그렇지 않은 경우 그냥 눈을 붙이고 있는 것이다.

어떤 경우든 일에서 잠시 완전히 떠나 있는 시간을 가져야 한다. 그래야 다시 두뇌 활력을 찾을 수 있다. 지금까지 다른 방법을 많이 사용해보았지만 그다지 큰 효과를 거둘 수 없었다. 하지만 언제 그랬느냐는 듯이 20-30분 정도 눈을 붙이고 나면 다시 원래의 상태로 돌아와서 두뇌 활동을 재개할 수 있게 된다.

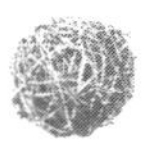

이때 반드시 염두에 두어야 할 일이 있다. 현재 하고 있는 활동을 접고 일어서서 서성거리거나 아니면 잠시 눈을 붙이더라도 반드시 다음에 계속해야 할 일을 메모로 남겨두는 습관을 들여야 한다. 두뇌는 짧게나마 메모해두는 것만으로도 잠재의식으로 작업을 계속하게 된다. 그래서 완전히 새로 시작하는 데 따르는 고통과 시간 낭비를 줄일 수 있다.

나는 항상 작업대 위에 흰 백지를 놓고 작업을 한다. 잠시 자리를 비우거나 일 때문에 나가야 하는 경우 반드시 다음에 할 일을 메모해둔다. 그러면 두뇌는 한 가지 숙제를 가진 셈이다. 아마도 이 숙제는 잠재의식의 어느 부분에 입력되어 의식과 별도로 계속 작업을 진행하고 있음에 틀림이 없다.

두뇌에 적절한 휴식을 제공하는 방법을 익혀라

24 일 상 을 하 나 의 시 스 템 으 로

일생을 통해서 대단한 성취를 이루어낸 인물들을 살펴보면 삶의 스타일이 저마다 다르다는 것을 알 수 있다. 예를 들어 임기응변과 유연성을 특징으로 하는 사람들의 일상을 살펴보면 마치 미식축구공처럼 어디로 튈지 도대체 알 수 없다. 천방지축(天方地軸)형이라고나 할까?

월마트의 창업자 샘 월튼의 자서전을 읽다 브면, 이 사람은 이런 인물이었구나라는 사실을 알게 된다. 일정 관리를 담당하는 그의 비서는 '동에 번쩍, 서에 번쩍'하는 샘 월튼에게 두 손 두 발 모두 들었다고 말할 정도로 그는 정형화되지 않은 일정을 갖고 살았다.

그러나 정교하게 정해진 일정에 따라 움직이는 사람들도 있다. 그들은 몇 시부터 몇 시까지는 무엇을 하고, 몇 시부터 몇 시까지는 무엇을 한다는 식으로 자신의 생활을 일정한 틀에 가두어 버린다. 이를 두고 나는 자신의 '일상을 매뉴얼화(혹은 시스템화)하는 사람'이라고 부른다. 물론 어느 유형이 더 낫다고 평가할 수는 없다.

나는 멋진 습관이 인생의 행과 불행을 결정한다는 신념을 갖고 있

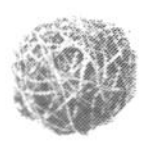

다. 그래서 생활을 정형화하고 규율화하는 것을 높게 평가한다. 왜냐하면 일상의 활동들을 일정한 패턴으로 매뉴얼화하거나 시스템화하면 이에 맞추어서 두뇌를 포함하여 신체의 장기들이 일정한 질서를 갖기 때문이다.

그렇기 때문에 두뇌 활동에 관심을 가진 사람들이라면 자신의 신체 리듬과 조직 생활의 요구를 적절히 조합해서 일정한 생활 패턴을 만들어야 한다. 물론 스스로 시간을 통제할 수 있는 사람들이 가진 자유재량권에 비해서 조직 생활을 하는 사람들은 재량권이 제한되어 있다. 그렇다고 해도 직장 생활 이외의 부분에서는 스스로 선택할 수 있는 권한이 있을 것이다.

두뇌는 대단히 정교한 공장이기 때문에 일단 생활 리듬이 깨지고 나면 회복하기까지 매우 큰 비용이 들어간다. 때문에 나는 가능한 한 정형화된 생활 패턴을 깨뜨리지 않기 위해 무척 노력하는 편이다. 왜냐하면 업무가 밀려서 밤늦게까지 일을 하거나 모임 때문에 과음을 하는 경우 몇 배 정도의 비용을 지불하고 나서야 원래의 상태를 회복한 경험이 여러 번 있기 때문이다.

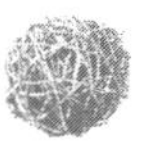

내가 생활의 시스템화를 좋아하는 이유는 규칙적인 생활을 하다 보면 으레 그 시간이 되면 두뇌 역시 스케줄에 맞추어서 작동하기 때문이다. 마치 우리가 피아노나 바이올린과 같은 악기를 규칙적으로 꾸준하게 배우면 그것과 관련하여 두뇌 활동이 활성화되는 것과 마찬가지의 효과를 일상의 매뉴얼화로도 거둘 수 있다.

그러므로 하루 중 특정 시간대에 규칙적으로 두뇌를 사용해보자. 이것을 반복하다 보면 자동적으로 드뇌는 그 시간대가 되면 엄청난 일을 효과적으로 처리한다. 나의 두뇌는 이른 새벽에 으레 창조적인 활동을 한다는 사실을 인지하고 있다. 그렇기 때문에 매번 신경을 쓰지 않아도 두뇌 작동의 효과를 높일 수 있다는 장점이 있다.

언젠가 『로마인 이야기』로 유명한 시오노 나나미가 자신의 하루 생활에 대해서 이야기하는 모습을 보았는데 매우 인상적이었다. 그녀는 7시에 기상을 해서 아침을 챙기고 아들을 학교에 보낸 다음 8시 30분부터 작업에 들어가서 자료를 찾고 글을 적고 모든 일정을 4시 정도면 마치는 활동을 수십 년간 반복해왔다고 한다. 그리고

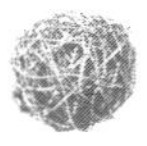

자연광이 있을 때만 집중적으로 집필 작업을 한다고 했다. 그녀의 두뇌는 아마도 그런 부분에 철저히 익숙해져 있을 것이다.

나는 생활을 철저히 매뉴얼화하는 사람이다. 몇 시에는 무엇을 하고, 몇 시에는 무엇을 한다는 식으로 생활의 모든 면이 문장화되어 있지 않지만, 암묵적으로 두뇌 속에 회로화되어 있다. 특히 기상 시간과 취침 시간을 일정하게 유지하는 일은 대단히 중요하다.

그렇다고 해서 그런 스케줄을 금지옥엽(金枝玉葉)처럼 오래오래 유지하는 것은 아니다. 그런 스케줄조차 끊임없는 실험 대상이 된다. 이를테면 10년 넘게 해온 아침 운동은 시간의 효율성 때문에 오후로 넘긴 것이 불과 몇 달 되지 않는다.

생활을 매뉴얼화하는 것과 임기응변식으로 운영하는 것 중 어느 것이 더 낫다고 평가하기는 이르다. 그러나 나의 개인적 판단은 스스로 철저한 스케줄에 따라 움직이도록 조련할 필요가 있다는 것이다. 이런 저런 이유가 있지만 두뇌가동률이란 점에서 미루어 보면 스케줄을 정형화하는 것은 특정 시간대에 충분히 두뇌를 활용할 수 있다는 점에서 가치가 있다.

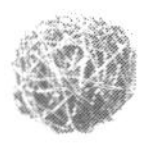

창조적인 시간대를 하루의 어느 부분에서 확보해야 한다. 규칙적으로 일정 시간대에 창조적인 작업을 집중적으로 배치하는 것은 두뇌를 훈련시키는 멋진 방법 중 하나임에 틀림이 없다.

일상적인 활동을 과감하게 매뉴얼화하라

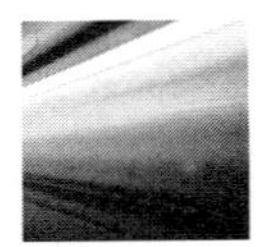

25 두뇌는 만들어 가는 것

"저는 두뇌에 대해서 생각해본 기억이 별로 없는 걸요. 그냥 생활해 왔지요. 그런데 오늘 선생님 강의를 들으면서 내가 가진 중요한 자산 중 하나가 두뇌가 될 수 있겠구나라는 생각을 잠시 해보았어요. 앞으로 두뇌 활용법에 대해서 고민을 좀 해봐야겠습니다."

비즈니스맨들에게 두뇌 활용법을 강연하고 나오는 길에 만난 40대 초반의 K씨가 한 이야기이다. '두뇌 활용법'을 강연하고 나면 나이를 불문하고 이런 이야기를 해오는 분들이 꽤 많다. 그들이 두뇌에 대해서 갖고 있는 지식은 학교를 다닐 때 상식적으로 배운 수준을 넘어서지 못한다. 그 동안 두뇌에 대한 이해와 활용법은 거의 방치된 상태로 남아 있었다.

내가 두뇌에 관심을 갖게 된 데는 뚜렷한 이유가 있다. 즉, 지식을 만들어내는 일을 오랫동안 해오다 보니까 자연스럽게 어떻게 하면 짧은 시간 일하더라도 높은 성과를 만들어낼 수 있을까라는 데 관심을 가져 왔다. 관심을 가지다 보니 나의 두뇌와 두뇌 작동에 대해서 주의 깊게 관찰하게 되었고, 이런 과정에서 본격적인 책읽기가

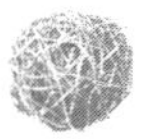

시작되었다. 그리고 독서를 통해서 새로운 두뇌 활용법을 익히면 그 방법을 두뇌를 대상으로 실험을 한다. 그런 경험들이 하나둘 축적되면서 '두뇌경영'에 대한 강연도 하고 이렇게 책도 쓰게 되었다. 나는 『공병호의 독서노트 : 창의력편』에서 두뇌를 창의적으로 활용하는 방법을 처음 다루었다. 부제 '창의적인 내가 되고 싶다'에서 짐작할 수 있듯이 창의적인 사람으로 거듭나는 방법을 정리한 책이다.

지금까지의 지식과 경험을 한 문장으로 정리하면 다음과 같다.

"스스로 인생을 만들어 가는 것처럼, 나는 평생을 통해서 두뇌를 개발하고 창조해 나가고 싶다."

이런 믿음과 체험의 이론적인 근거는 '두뇌의 가소성(腦可塑性; brain plasticity)' 때문이다. 설령 성장이 다 된 것으로 믿은 뇌도 환경의 영향을 받아 계속적으로 성장한다. 이것은 노년에도 가능한 일이다. 뇌의 소유자가 가급적 풍부한 환경(enriched environment) 속에서 많은 경험을 쌓을 수 있다면 성공적으로 뇌가 발달할 수 있다는 주장을 뒷받침하기 위해 인지과학자들은 '뇌가소성'이라는 개

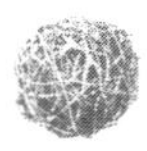

념을 사용한다.

"뇌의 신경 체제는 다른 환경을 경험할 때 그 적응과정에서 높은 자기조정 능력을 보임으로써 스스로 구조와 기능을 변화시킬 수 있다. 어떤 환경의 영향을 받을 때 우리 뇌는 복잡하면서도 자율적인 화학적 체제 내에서 그 환경에 부응하는 방향으로 자기 조정이 일어난다. 이는 시냅스에서 분비되는 신경전달물질의 양을 변화시킴으로써 가능해지는 것이다.

포유동물 뇌의 피질 앞쪽 부분에서 계속적으로 일어나는 구조적인 변화에 대한 증거가 더욱더 명확해지고 있다고 주장한다. 그들 연구자들의 연구에서 밝혀진 것 중 하나는 풍부한 환경을 경험한 뇌의 가소성 현상 중 시각 정보를 처리하는 대뇌 피질 부분에서 다른 어떤 감각정보의 처리 부분보다 더욱 많이 일어났다는 것이다. 아울러 이들 연구자들은 뇌의 대뇌 피질에서 일어나는 가소성의 현상은 발달 과정에서만 일어나는 특성이 아니라 유기체의 전 생애에 걸쳐서 일어나는 현상이라는 것을 밝혀내기도 하였다."

일생을 통해서 두뇌 활용법을 익히고 그것을 직접 두뇌에 적용시

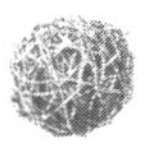

키면서 우리는 두뇌 발달을 도모할 수 있다. 이것은 이론에만 그칠 것이 아니라 여러분이 그 주역이 되어야 한다. 때문에 나는 여러분에게 다음과 같은 몇 가지 제안을 하고 싶다.

첫째, 두뇌는 만들어 가는 것이다. 연령을 불문하고 평생 이 원칙을 지켜야 한다.

둘째, 평소에 두뇌 작동을 주의 깊게 관찰해야 한다. 언제, 어떤 상황에서 두뇌 활동이 활발한가? 반대로 언제, 어떤 상황에서 두뇌 활동이 저조한가? 등을 관찰하여 기록으로 남겨 두어야 한다. 그리고 두뇌에 대한 관찰력을 키워야 한다.

셋째, 두뇌 활동을 높이거나 낮추는 활동과 상황을 중요도 순서로 각각 열 가지로 정리한다. 그리고 각각에 대해서 실천 가능한 개선 방법을 찾는다.

넷째, 개선방법을 직접 자신의 두뇌를 대상으로 실천에 옮긴다. 그 효과를 기록으로 남긴다. 그리고 더 나은 방법을 찾아서 적용시킨다. 이 과정을 반복한다.

다섯째, 좀더 나은 두뇌 활용법을 찾기 위해 관련 서적들을 읽는다.

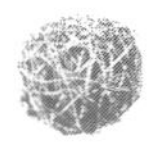

시중에 나와 있는 다양한 서적 중에서 여러분에게 도움이 될 만한 책은 다음과 같다.

- 리처드 레스탁, 『두뇌운동』
- 공병호, 『공병호의 독서노트: 창의력편』
- 로저 본 외흐, 『Creative Thinking』
- 잭 포스터, 『잠자는 아이디어 깨우기』
- 마이클 미칼코, 『아무도 생각하지 못하는 것 생각하기』
- 이케가야 유지 & 이토이 시게사토, 『해마』
- 가토 마사하루, 『생각의 도구』
- 안네트 모저 웰만, 『비즈니스 천재의 5가지 얼굴』
- 로버트 아노트, 『조명 하나만 바꿔도 당신은 강해진다』
- 그랜빌 투굿, 『왜 당신의 시계는 멈춰버렸을까?』

개선방법을 찾아서 두뇌를 개발해 나가라

26 생각에서 생산까지

두뇌는 강력한 피드백을 요구한다. '두뇌를 활발히 가동시키는 것이 바람직하다." 혹은 "좋다" 등과 같은 선언적인 이야기를 듣거나 말하는 것만으로는 지속적으로 두뇌 활동을 계속할 수 없다. 끊임없이 두뇌 활동에 관심을 갖고 개선과 혁신을 위해 노력하여 부가가치를 만들어내야 한다.

생각하는 것만으로는 충분하지 않다. 생각이 부가가치와 연결될 수 있을 때 비로소 의미를 갖는다. 이때 지속적으로 두뇌가동률을 높이는 일도 힘을 받는다.

한번은 아인슈타인이 이런 이야기를 한 적이 있다.

"어느 정도 나이가 든 후에 하는 독서는 창조적인 추구로부터 그의 마음을 너무 돌려버리게 된다. 너무 많이 읽고 그 자신의 두뇌를 너무 적게 사용하는 사람은 사고하는 일을 게으르게 하는 습관에 빠지게 된다."

이처럼 읽기만 하고 사고하는 일을 등한히 하는 경우가 많다. 이런 독서라면 하지 않는 것보다야 낫겠지만 별로 권할 만한 일은 아니

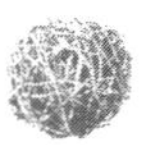

다. 나는 주변에서 독서 그 자체를 위한 독서를 하는 사람들을 드물지 않게 만난다. 그럴 경우 독서는 지속적으로 이루어질 수 없을 뿐만 아니라 다른 스포츠와 같은 레저 활동을 통해서 시간을 보내는 것과 독서는 별반 차이가 없다.

독서 역시 부가가치를 낳을 수 있는 사고 활동을 촉진하는 계기와 정보를 제공하는 도구로 활용될 때 비로소 계속적으로 이루어질 수 있다. 마찬가지로 두뇌 활용이 그 활동을 통해 아무런 이득이 생기지 않고 그냥 생각하는 것만으로 그친다면 계속적으로 해나가기 힘들다.

두뇌 활동의 결과물이 경제적인 이득과 연결될 수 있다면 아주 좋다. 경제적인 이득은 숫자로 금세 드러난다. 그렇기 때문에 스스로 자기 자신이 두뇌를 제대로 사용하고 있는지 아닌지 판별하는 것은 어렵지 않다.

따라서 두뇌가동률을 높이는 활동은 잔머리를 굴리는 일과는 엄연히 구분되어야 한다. 두뇌가동률을 높이는 일은 언제, 어디서나 부가가치 창출과 직·간접으로 연결될 수 있어야 한다. 그때 비로소 우리는 제대로 두뇌를 활용하게 된다.

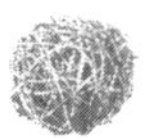

생각하는 것을 부가가치로 연결하는 작업은 만만치 않다. 그러나 평소에 생각하는 것에 익숙한 사람이라면 부가가치로 연결하는 일까지 자신의 사고를 과감히 확장할 수 있다. 사람은 이익에 대단히 민감한 존재이다. 스스로 두뇌 활동의 결과물을 수확할 수 있다는 증거를 갖게 되면 놀라울 정도로 변화가 발생한다. 그리고 숫자는 사람에게 동기를 부여하는 데 효과가 있다.

작은 것이라 하더라도 그런 성공 체험을 하나하나 쌓아 가는 사람들은 두뇌 내부에 성공 체험이라는 회로를 만들어 가는 셈이다. 성공 체험을 가진 사람들은 스스로 두뇌를 활용하는 방법에 대한 자신감을 갖게 된다. 그리고 두뇌 활동이 정말 의미 있는 것이라고 확신하게 된다.

이익은 어디서 발생하는가? 고객을 공략할 때 가능한 일이다. 그래서 두뇌 활동의 초점은 언제나 고객(혹은 시장)을 향해야 한다. 고객이 원하는 것, 고객이 바라는 것, 고객이 불만스러워하는 것 등을 찾는 데 두뇌 활동의 상당 부분을 투입해야 한다.

물론 모든 활동이 이익과 연결될 수는 없을 것이다. 그럼에도 불구

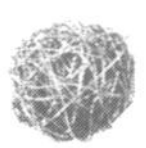

하고 주변에는 이런 저런 생각만 하는 사람들이 의외로 많다. 그런 생각들이 부가가치 창출과 연결고리를 찾으려고 할 때 두뇌가동률은 크게 높아질 수밖에 없다. 왜냐하면 그냥 생각하는 것은 쉽지만, 그 단계에서 부가가치 창출이라는 단계까지 발전하기 위해서는 특별한 노력이 더해져야 하기 때문이다.

세상에는 여러 가지 가치가 있다. 그럼에도 불구하고 자본주의 사회에서는 돈이나 부(富)가 차지하는 위치가 대단히 중요하다. 여러분의 두뇌 활동이 부를 만들어내는 것에 직접 기여할 수 있다는 증거를 확보하라. 그것은 두뇌가동률에 극적으로 결정적인 동기를 부여할 것이다. 항상 두뇌가동률과 부의 창출을 어떻게 연결할 것인가를 생각해야 한다.

저 정보를 어떻게 이용할 수 있을까? 나의 유익함을 위해서 어떻게 가공할 수 있을까? 부가가치를 낳기 위해 어떻게 활용할 수 있을까? 등과 같은 질문을 시작으로 두뇌 활동을 해보라.

부가가치 생산으로 두뇌 활동을 독려하라

27 채널을 풀 가 동 한 다

당신의 정보채널을 점검하라!

두뇌 활동의 밑천은 정보다. 그런데 정보를 입수하는 경로를 점검해보면 의외로 협소하다는 것을 알고 놀라지 않을 수 없다.

지금 당장 주요 정보채널을 리스트로 정리해보라. 흰 백지 위에 '○○○의 정보채널 리스트'라고 적은 후 #1, #2, #3…… 순서로 정보채널 리스트를 하나둘 차근차근 기록하는 것이다.

정보채널 숫자가 다양하다면 다행이지만 몇 개 안 된다면 개선할 필요가 있다. 정보채널 숫자가 단출하다는 이야기는 입수하고자 하는 정보의 특성과 양이 제한될 가능성이 높다는 사실을 의미하기 때문이다.

정보의 특성과 양이 제한적이라는 것은 달리 말하면 두뇌가 사용할 수 있는 원료가 부족하다는 것이다. 물론 정보의 절대량이 많은 것이 능사가 아니지만 의미가 있는 정보의 양은 많으면 많을수록 좋다.

지식기반 사회의 특징은 정보가 브(富)를 만들어낸다는 것이다.

그렇기 때문에 시간이 갈수록 개인의 정보 마인드, 즉 가치 있는 정보를 찾아내는 감각이 매우 중요해지고 있다. 더 나아가 이런 감각 못지 않게 중요한 것이 '정보를 어디에서 구하는가?' 하는 부분이다.

정보채널 중에는 불규칙적으로 이루어지는 대면 채널이 있다. 사람들을 만나서 듣거나 직접 관찰하는 것 등을 통해서 정보를 입수하는 경로다. 이 정보는 생생하게 살아 있기 때문에 가치를 지니지만 입수하는 데 많은 시간을 들여야 한다는 단점이 있다.

고객을 만나거나 직접 고객의 활동을 관찰하면서 얻는 정보는 대개 메모로 기록해두는 것이 좋다. 그러나 근래에 나는 새로운 방법을 시도하고 있다. 메모장 사용과 함께 'Think Diary'라는 파일을 만들어서 메모 방식으로 컴퓨터에 입력해두는 것이다.

메모를 보면서 순간순간 떠오르는 단상을 날짜 순서로 기록해 나가는 방법이다. 메모를 기록한 후 2차적으로 떠오르는 다양한 생각이나 작업을 해나가는 가운데 떠오르는 것을 정리 정돈해둔다. 이따금 아무런 사전 준비 없이 머리 속에 떠오르는 정보를 바로 입력

해둘 때도 즐겨 사용하고 있다.

한편 인터넷을 사용하는 간접적인 방법도 있다. 이 경로를 통해서 정보를 입수하면 시간을 절약할 수 있고 아무 곳에서나 짬짬이 이용할 수 있다는 장점이 있다. 정보를 입수하는 채널로는 거의 혁명적인 방법이라는 생각이 든다. 그런데 많은 사람이 인터넷을 통한 정보 입수도 익숙한 몇 개의 사이트를 보는 것에 그치고 있다. 이 부분만 고친다면 정보채널의 다양화를 통해서 상당한 수준의 정보를 모을 수 있다.

인터넷의 즐겨찾기 기능도 잘 사용하고, 규칙적으로 새로운 정보원을 개발하는 노력도 게을리하지 말아야 한다. 정보의 양을 증가시키는 것도 중요하지만 입력되는 정보의 특성을 변화시키는 일도 두뇌에 신선한 자극을 주는 데 유용하게 활용할 수 있다.

그런데 익숙한 몇 개 사이트에 전적으로 정보 입수를 의존하는 것은 정보의 양 문제뿐만 아니라 매너리즘에 빠질 가능성이 높다. 따라서 가능한 정보 원천을 넓히기 위해 노력해야 한다. 단 한 대의 단말기가 전 세계의 정보원과 연결되어 있는 시대가 바로 이 시대

임을 명심해야 한다.

나는 요즘 나의 웹사이트에 'InforBank'라는 코너를 만들어서 분야별로 체계적으로 정보원을 다양화시키는 작업을 하고 있다. 아직 초보 수준이지만 나 자신의 정보원을 다양화하려는 노력으로 시작하였다. 그리고 나아가 그 정보를 다른 독자들과 공유할 수 있다는 데 의미를 두었다.

정보채널을 다양화하는 일은 두뇌가동률에 결정적인 영향을 미친다. 따라서 자신의 정보 채널을 규칙적으로 점검하고 정보 원천을 넓히기 위해 노력해야 한다. 그것은 두뇌가동률을 높이기 위한 일종의 기반 인프라 투자라고 보면 된다.

마치 한 사회가 성장하기 위해서는 물류를 원활하게 하는 도로나 항만과 같은 사회간접자본에 대한 투자가 중요하듯이 한 개인이 두뇌 활동을 원활하게 하기 위해서는 지적 인프라를 구축해야 한다. 지적 인프라 중에서 중요한 것은 지금까지 설명한 정보채널을 구축하고 확장하는 작업이다.

매일매일 입수하는 정보의 양과 질이 미래를 결정한다고 해도 결

코 무리는 아닐 것이다. 그런데도 비용이나 리스크를 거의 부담하지 않고서도 할 수 있는 일을 무심하게 넘겨버리는 사람이 너무 많다.

정보채널을 다양화하여 두뇌 활동을 위한 지적 인프라를 구축하라

28   스 케 치 를   즐 겨 라

두뇌 실력은 언제 드러나는가? 평소에 갈고 닦은 두뇌도 이따금 풀 가동될 수 있는 기회를 제공해야 한다. 완전히 새로운 기획처럼 창조할 때 평소 실력이 드러난다.

나는 이따금 사람들에게서 "어떻게 그렇게 책을 자주 펴 내는가?" 혹은 "그렇게 다양한 강연 주제안을 어떻게 잡는가?" 등과 같은 질문을 자주 받는다. 내가 생각하기에도 신기할 때가 있다. 왜냐하면 그렇게 머리가 좋은 것도 아니고, 무슨 특별한 훈련을 받은 것도 아니다. 그렇다고 해서 명문 학교를 나온 것도 아니다.

평범한 가운데서 하나하나 만들어 가는 삶을 살아왔기에 내가 나 자신을 바라볼 때도 이상할 때가 있다. '어떻게 그런 기획 아이디어를 생각해내고 구체화시키는 것일까?

내가 생산하는 책이나 강연 혹은 기고와 같은 상품은 특수한 것이 아니다. 또한 여러분이 생산하는 어떤 상품이나 서비스도 결국은 고객이 원하는 무엇인가 특별한 기능을 상품화하는 것일 것이다. 시장에 이미 여러분이 출시하려고 하는 상품이나 서비스가 나와

있다면 당신은 실패할 것이 뻔하다.

그런 면에서 나와 여러분은 거의 비슷한 일을 하고 있다고 보면 된다. 어떻게 하면 두뇌로 하여금 항상 신선하고 따끈따끈한 것을 만들어내도록 할 수 있을까?

어느 기획 프로젝트든 처음부터 바로 시작하지 않는다. 그러니까 책상에 앉아서 작업하는 것을 나는 경건함과 엄숙함이라는 두 단어에 비유하기를 즐겨한다. 결코 책상 앞에서 두뇌로 하여금 이런저런 기획안을 내놓으라고 윽박지르지 않는다. 대신 며칠 전에 숙제를 낸다. 적절한 시간을 두고 두뇌에게 적당한 압박을 가하는 것이다. 나의 내면 세계에서 일어나는 상황을 그대로 생중계해보면 다음과 같다.

"내가 말이야, 두뇌가동률을 높이는 방법에 대한 책을 한 권 써야 하거든. 그래서 자네가 멋진 기획 아이디어를 나에게 주어야 할 것 같은데. 지금까지 잘해왔던 것처럼 이번에도 잘할 수 있겠지?"

"글쎄요. 한번도 해보지 않은 것이라서 이번에 잘할 수 있을지 모르겠는데요. 걱정이 됩니다. 그래도 주인님이 하라고 명령하니까 해보

도록 하겠습니다만⋯⋯."

두뇌는 "네, 알아서 멋지게 완수하고야 말겠습니다"라는 대답을 웬 만해서는 하지 않는다. 가보지 않은 길에 대한 두려움이 짙게 밴 반응이 나오는 경우가 많다. 이렇게 숙제를 주고 강하게 압박을 가하면서 마감시간을 주면 의식하지 않아도 명령은 수행되고 있다.

어떤 때는 1주일, 어떤 때는 하루 정도의 시간이 지난 다음 나는 기획 아이디어를 스케치해 나가기 시작한다. 여기서 중요한 것은 '스케치'라는 단어다. 즉, 책상 앞에 앉아서 또박또박 글을 쓰는 방법으로는 좀처럼 아이디어를 만들어낼 수 없다는 말이다.

잭 웰치의 글 속에는 '1등이나 2등', '고쳐라, 매각하라. 아니면 폐쇄하라'는 구호로 대표되는 GE 비전을 잡아내는 순간이 생생하게 묘사되어 있다.

"나는 오랫동안 GE 비전을 효과적으로 전달하기 위한 방법을 고민했다. 이상하게 들릴지 모르지만, 나는 1983년 1월에 칵테일 냅킨에서 그 해답을 발견했다.

나는 가끔 때와 장소를 가리지 않고 순간적으로 스치는 생각을 메

모하는 습관 때문에 사람들을 어리둥절하게 만들곤 했다. 뉴가나 안의 게이츠 레스토랑에서 아내 케롤린에게 그 비전을 설명하던 도중에 갑자기 검은색 펠트펜을 주머니에서 꺼내 냅킨에 메모를 하기 시작했다. 나는 세 개의 원을 그린 다음 핵심 제조, 기술, 서비스라고 각각 써 넣었다. 즉, GE의 사업들을 그 원 안에 배치시킨 것이다. 그리고 조명기기, 주요 가전, 모터, 터빈, 운송설비, 컨트랙터 장비를 핵심 제조의 원 안에 넣었다.”

기획 아이디어를 스케치해 나갈 때는 두뇌에게 최대한의 자유분방함을 허락해야 한다. 일단 작품을 보게 될 고객을 머리 속에 생생하게 그리면서 세상에서 가장 편안한 자세로, 이따금 눈을 잠시 감는 것도 좋다.

그런 자세와 마음가짐으로 흰 백지 위에 마치 물 흐르듯이 글 반, 스케치 반으로 아이디어를 죽 배치해 나간다. 잘 깎은 연필을 사용해보는 것은 어떨까? 예리한 연필심과 흰 백지 위를 가로지르는 느낌은 여러분에게 색다른 감흥을 가져다 줄 것이다. 이때 나는 두뇌에게 최대한의 유연함과 속도를 제공한다. 그리고 매듭을 지어 가

는 형식을 취한다. 이를테면 #1, #2, #3 등과 같이 순서를 매기면서 작업을 진행해 나가는 것이다. 물론 나중에 이 순서를 바꾸는 작업은 마무리 단계에서 하면 된다.

주의해야 할 것은 흰 백지 위에 머리 속에 떠오른 모든 단상을 조합하여 차근차근 메워 나간다. 이때 어떤 방해도 받지 않도록 유념해야 한다. 왜냐하면 생각하지도 못했던 많은 아이디어들이 정말 의식할 수 없을 만큼 살며시 떠오르다가 사라지는 경우가 많기 때문이다. 이때는 특정 아이디어를 정리해 나가는 도중에 살며시 떠오르는 또 다른 아이디어에 대해서는 바로 옆의 여백에 간단하게 단어나 몇 개의 문장 정도로 메모해둔다. 경험이 가르쳐준 사실은 이런 메모를 해두지 않으면 아이디어는 금세 사라져 버리고 다시 떠올리기에는 너무 고통스럽다는 점이다. 이따금 영영 기억해내는 데 실패할 때도 많다.

기획을 마무리하도록 두뇌에 명령을 내리고 난 후에는 일정한 시간이 필요하다. 하지만 정작 아이디어 스케치를 해나가는 시간은 30분에서 1시간 정도면 족하다. 흰 백지 한 면을 사용한다면 대개

20장 내외면 충분하다. 일단 시작하면 마무리도 해야 한다. 그 상태를 벗어나서 정상 상태로 돌아오면 기획안은 완전히 새롭게 보이는 경우가 많기 때문이다. 나는 이렇게 아이디어를 생산해낸다.

이런 일들이 습관이 되고 나면 은근히 이런 과정 자체를 즐기게 된다. 그래서 두뇌는 날이 갈수록 점점 예리하게 다듬어진다. 두뇌는 쓰게 나름이며 결코 연령과는 무관하다.

아이디어를 백지 위에 스케치하듯이 그려 나가라

29　　어디서든 나만의 공간을 찾아내라

어느 때, 어디서나 전천후로 아이디어를 창출하는 사람도 있다. 하지만 나는 '아이디어의 산실'을 갖고 있다. 좀 성스러운 장소라고 불러도 괜찮을 것이다. 그렇다고 해서 다른 장소에서 아이디어를 만들어낼 수 없다는 이야기는 아니지만 나는 이 장소를 즐겨 사용한다. 그리고 이 장소에서 이상하게 아이디어가 펑펑 나오는 징크스가 있다.

우선 이동하는 장소 중에는 차의 뒷좌석을 들 수 있다. 강연할 때마다 렌터카를 타고 이동하는데 이때 평균적인 이동 시간은 갈 때 2시간 내외, 올 때 2시간 내외다. 이때는 마감시간이 정확하게 정해져 있기 때문에 작업 마무리에 대한 압박감을 두뇌에게 전달할 수 있다. 그리고 2시간이라고 해서 모든 시간을 기획 업무에 할당하지 않는다. 대개 1시간 정도는 도착하자마자 해야 하는 강연 준비에 배분한다. 나머지 1시간 정도면 두뇌에게 압박감을 주기에 충분한 시간이다. 내가 굳이 다짐하지 않아도 자동적으로 두뇌는 특정 프로젝트를 수행하는 데 시간이 아주 한정되어 있다는 사실을 잘 알

고 있다. 두뇌는 알아서 활동하게 된다.

 그리고 차가 달리는 동안 창 밖의 풍경들이 계속해서 변화하기 때문에 두뇌에게 변화를 제공할 수 있다. 물론 창 밖을 보다가 눈을 지그시 감는 것도 좋다. 창 밖의 풍경 변화는 배경 음악 정도의 역할을 한다. 아무튼 각종 기획 아이디어를 마무리하기에는 좋은 환경이다. 게다가 핸드폰을 꺼놓으면 일정 시간 동안 집중적으로 작업을 전개할 수 있다.

작가 에리 브래드버리에 대한 이야기를 읽은 적이 있다. 그는 기차를 타고 가는 동안 두뇌를 조율한다고 한다.

"나는 가장 좋은 아이디어 가운데 몇 가지를 기차에서 얻는다. 창문 밖을 가만히 바라보면 바깥은 하나의 거대한 로르샤흐 검사지(좌우대칭의 잉크 얼룩을 피험자에게 보여줘 그 해석과 반응을 바탕으로 사람의 성격 등을 알아내는 검사)이다. 우리가 어린 시절 연극 무대를 만들 때 쓰던 마분지처럼 두 개의 두루마리 종이 띠이다. ……기차여행은 기억을 불러일으킨다. 그러면 생각들이 서로 뒤섞이면서 낭만적인 향수에 젖어든다. 그 순간 생각이 갑자기 표면에 떠오

른다. 마치 기차가 아닌 나 자신이 선로를 따라 달려가는 것처럼.”

또 다른 아이디어 산실은 비행기 안이다. 비행기 안은 집중력을 분산하는 모든 것이 차단된 공간이다. 게다가 국내선은 거의 50분 정도면 비행이 끝난다. 단시간에 집중적으로 무엇인가를 생각해낼 수 있는 멋진 장소이다. 그 동안 실험을 거친 결과 투자수익률이 충분히 높은 공간임이 밝혀졌다. 그래서 나는 좀 넉넉한 좌석에 앉아서 주로 구상을 한다.

마지막으로 이것은 몇 달 전부터 아이디어 산실 역할을 톡톡히 하고 있다. 그 동안 이따금 작업실 바닥에 누워서 생각을 해내곤 하였는데 이제는 ‘레이지보이(La-Z-Boy)’라고 불리는 안락의자를 구입해서 사용하고 있다.

이 의자의 특징은 발을 완전히 뻗을 수 있을 뿐만 아니라 거의 180도까지 눕힐 수 있다는 것이다. 작업실 바닥에 누워서 하는 기능을 이 의자가 대체한다고 보면 된다. 이 의자는 앞으로 정말 대단한 아이디어 산실 역할을 해낼 것이다.

예전에 ‘샌프란시스코 비즈니스 타임스’에 실린 스티브 시마노비

치 스티븐의 이야기를 인상 깊게 읽은 적이 있다.

"레이지보이는 나의 가정을 경영하였다. 내가 성장하고 있을 때 아빠가 그것을 사용하였다. 아빠는 밤에 그곳에 앉아서 월 스트리트 저널을 읽었다. 후에 가족 중 세 명의 형들과 한 명의 누나가 각각 번갈아 가면서 그것을 사용하였다. 아빠가 하늘나라로 갔을 때 레이지보이는 엄마가 차지하였다.

내가 대학에 들어갔을 때 엄마는 나를 데리고 레이지보이 판매점으로 갔다. 아마도 내가 그것을 원한다는 사실을 알고 있었던 것 같다. 나는 그곳에서 두 번째로 비싼 레이지보기와 사랑에 빠졌다. 그것은 크고, 베이비블루 색깔이었다. 엄마는 '네가 원하는 것이 이것이 확실하니?'라고 물었다. 나는 고개를 끄덕였다. 그러자 엄마는 세일즈맨에게 '얘가 이것을 가질 거예요'라고 말하였다."

원문의 감동을 제대로 전달할 수는 없지만 한 개의 의자가 물건 이상의 의미를 가져다 준다는 잔잔한 감동을 전하는 내용이다.

요컨대 자신만의 아이디어 산실을 마련해야 한다. 왠지 그 자리에만 있으면 아이디어가 술술 흘러 나오는 그런 감을 느낄 수 있는 장

소를 마련해야 한다. 집중적으로 두뇌를 가동시키고 그것을 통해 멋진 기획력을 발휘할 수 있는 장소를 마련해보라. 나도 계속해서 그런 장소들을 물색해 나갈 예정이다.

자신만의 아이디어 산실(産室)을 마련하라

30 글쓰기는 아이디어 제조기

두뇌를 그냥 내버려두면 세월과 함께 둔감해진다. 모든 신체 장기가 그렇듯이 두뇌도 쇠퇴하는 것을 막을 수는 없다. 하지만 두뇌를 갈고 닦는 연마(鍊磨) 과정을 거치면 그 시기를 늦출 수는 있다. 특히 글쓰기는 아주 훌륭한 방법이다.

나처럼 글쓰기를 전문적으로 하는 사람에게간 적용되는 것은 아니다. 당신이 어떤 직업을 갖고 있건 간에 두뇌를 갈고 닦아서 가장 예리한 상태로 만들고 싶다면 글쓰기를 시작해보라.

적은 비용으로 높은 생산성을 올릴 수 있는 방법은 컴퓨터를 이용해서 글을 쓰는 것이다. 익숙하지 않은 사람들도 있을 것이다. 직접 글을 쓰는 것과 컴퓨터로 글을 쓰는 것은 마치 걷는 것과 비행기를 타는 것만큼 차이가 있다.

나는 컴퓨터 화면 위에 글을 쓰면서 두뇌 속에 입력된 수많은 정보가 조합되는 경험을 하였다. 빠른 속도로 글을 적어 나갈 때마다 기존 정보들이 이합집산(離合集散)을 거듭하면서 정리되는 것을 느낀다. 뿐만 아니라 이런 과정에서 평소에 존혀 인지하지 못했던 새로운 지

식이 탄생하기도 하고 새로운 지식에 대한 욕구를 느끼기도 한다.

컴퓨터 화면 위에 글을 쓰는 것은 대단한 지적 트레이닝 과정이다. 어떤 대학원의 교육 프로그램도 이를 대체할 수 없다. 이 모든 것은 과학의 발달로 가능해진 것이다.

오늘날 인터넷 검색 기능과 글쓰기 기능을 활용하기만 해도 우리는 과거의 우리 선인들이 상상할 수 없을 정도로 두뇌를 갈고 닦을 수 있다. 규칙적으로 글쓰기를 하는 사람은 자신의 두뇌를 아주 예리하게 가다듬을 수 있다. 적극적으로 이용하는 사람은 대단한 기회를 잡을 것이다.

이따금 신기하게 여기는 게 있다. 다름아니라 글을 적어 나가면서 전혀 생각지도 못했던 새로운 지식들이 글을 쓰는 것과 거의 동시에 머리 속에 차곡차곡 정리되어 가는 사실을 깨치는 기쁨이다. 글쓰기를 하지 않았더라면 결코 경험할 수 없는 일들이다.

일본 히도쯔바시 대학의 교수로 있는 노구치 유키오 씨도 필자와 마찬가지로 "워드 프로세서를 강력한 아이디어 제조기로 활용할 수 있다"고 말한다.

 두뇌가동률을 높여라

"워드 프로세서의 편집 기능을 잘 활용하면 퍼스널 컴퓨터를 '발상 기계'로 이용할 수 있습니다. ……이렇게 말하면 아이디어 프로세서라는 특별한 소프트웨어가 개발되었다 생각할지도 모르겠군요. 그러나 그렇지 않습니다. 현 상태에서만 잘만 사용하면 퍼스널 컴퓨터는 강력한 아이디어 제조기로 활용할 수 있습니다. ……종이 발명 이래로 수천 년에 걸쳐 줄기차게 이어져 왔던 문장 집필 스타일이 최근 20년 사이에 완전히 변해버린 것입니다. ……일단 쓰기 시작하면 통근 도중이나 식사 도중에도 그 일에 대해 무의식적으로 두뇌를 굴리게 됩니다. 자기와의 대화도 가능해지지요. 즉, 쓰게 되니까 생각하게 된다는 것입니다."

워드 프로세서의 등장은 문장 집필 스타일을 변화시켰을 뿐만 아니라 인간이 두뇌를 작동시키는 방식까지도 변화시켜버렸다. 이런 변화는 거의 혁명적인 사건이다. 그럼에도 불구하고 이런 문명의 선물을 자신의 삶에 적용시켜 자기 혁명을 꿈꾸는 사람은 그다지 많지 않다. 거의 비용이 들지 않는 일인데도 말이다. 스스로 두뇌를 가다듬어서 성공적인 삶을 살기를 원한다면 글쓰기 작업을 시작해야 한다.

처음에는 사업 일지를 간단하게 노트북에 파일 형식으로 남기는 것부터 시작해보라. 그러니까 일기를 컴퓨터 파일로 만들어서 시작하는 것이다. 그날 일어났던 일을 간단하게 기록으로 남겨 두면 된다. 다음에는 자신의 생각을 정리하는 파일을 하나 만들어보자. 예를 들어 사업을 하다가 부딪힌 특별한 사건을 사건의 현황, 사건에 대한 자신의 의견을 정리해두는 파일을 만들면 된다.

그리고 읽은 책에서 중요한 내용과 자신의 의견을 덧붙이는 파일을 만드는 것도 도움이 될 것이다. 이런 과정을 반복하면서, 마지막에는 자신의 사업 경험을 책으로 정리해보는 것도 괜찮을 것이다. 두뇌도 가다듬고, 기록도 남기고, 사업 경험을 상품화할 수 있다면 일석삼조에 해당하는 일이 아니겠는가? 과거에는 가능하지 않았던 일이다. 세상의 변화는 수십 명의 부하들의 도움을 받으면서도 거의 비용이 들지 않는 방법을 제공하고 있다. 그것을 사용하는 사람과 그렇지 않은 사람 사이에는 어떤 차이가 있을까?

워드 프로세서를 두뇌 단련의 비밀병기로 활용하라

 두뇌가동률을 높여라

31 시 간 은 몰 아 서 써 라

"지식근로자의 과업은 대부분 최소한의 성과를 달성하기 위해서라도 상당히 많은 시간이 필요하다. 최소 요구 수준 이하의 시간을 투입한다는 것은 순전히 낭비다. 그는 아무것도 달성하지 못하고 다시 시작하지 않으면 안 된다.

예를 들어 보고서 초안 작성에도 6~8시간이 소요된다. 한 번에 15분씩, 하루 두 번, 3주 동안 7시간을 들이는 것은 의미가 없다. 매번 얻는 것은 낙서만 가득한 메모지뿐이다. 그러나 문을 걸어 잠그고 전화선을 빼놓은 채 방해받지 않고 연속으로 5~6시간 동안 보고서 작성에 집중하면 내가 명명한 이른바 '제로 드래프트(zero draft)'를 완성할 확률이 높다.

다시 말해 초안을 완성하기 직전의 원고는 쓸 수 있을 것이다. 그 다음부터는 비교적 짧은 시간 단위로 나누어 장, 절, 문장 등을 다시 쓰고, 교정과 편집 작업을 할 수 있다. 실험도 마찬가지다. 실험 장비를 갖추고 한 가지를 마무리하려면 한번에 5~12시간을 연속으로 사용해야 한다. 그렇지 않고 도중에 다른 일이 생기면 처음부

터 다시 시작해야만 한다."

『피터 드러커의 자기경영노트』에 나오는 한 대목이다. 지식근로자들이 처리하는 대부분의 업무는 그 성격에 따라 조금씩 다르지만 일정한 수준의 연속적인 시간 사용을 요구한다는 점에서 공통점이 있다. 만일 사용 가능한 시간이 짧은 단위로 나눠져 있다면 전체 시간의 양이 아무리 많아도 부족하다.

일정한 프로젝트를 수행할 때 두뇌는 어떻게 작동할까? 나는 프로젝트를 진행할 때 처음부터 끝까지 대략적인 조감도를 나름대로 염두에 두고 하나하나 처리해 나간다. 그렇게 하면 전체와 부분이 상호작용하면서 업무가 처리된다. 물론 대략적인 조감도에 바탕을 두고 부분을 처리하기 때문에 부분을 처리하는 과정에서 다시 전체 조감도가 달라지기도 한다. 대부분의 지식근로자들의 업무에서 일상적으로 이루어지고 있는 일이다.

그런데 중간 중간에 전화를 받거나 사람을 만나거나 메일을 처리하는 등의 일들이 끼여들면 연속적으로 업무를 처리해 나가는 두뇌 활동에 혼란이 발생한다. 마치 러시아워에 자동차가 섰다 갔다

반복하는 상황이 두뇌 속에서 이루어진다고 보면 된다.

그래도 잠시 업무 진행이 끊어지는 것은 상황이 좀 나은 편이다. 업무를 처리하다가 하루나 반 나절 동안 완전히 다른 업무를 처리해야 할 때는 다시 두뇌 활동을 정상 궤도로 올리는 데 상당한 시간과 비용이 든다. 하루나 이틀 후에 다시 시작할 수 있도록 미리 다양한 메모를 남겨둔다 해도 두뇌를 정상 궤도에 올리기란 매우 힘들다.

그렇기 때문에 집중적으로 업무를 처리할 수 있는 시간대를 확보해두는 것은 매우 중요하다. 왜냐하면 지식근로자들의 생산성은 대개 집중적인 시간대 확보에 따라 크게 좌우되기 때문이다. 앞으로 업무 시간대가 짧아진 한국의 직장에서도 집중적으로 업무를 처리할 수 있는 제도를 마련해야 할 것이다. 사실 그 동안 집중업무 처리 시간대 확보 등을 시도하였지만 대부분 기대한 만큼 성과를 거두지 못하였다. 무엇보다 중요한 점은 지식근로자들의 업무 성격이 집중적인 시간대 확보 없이는 마무리할 수 없다는 구조적인 특징을 가지고 있다는 것을 이해해야 한다.

또 한 가지 무시할 수 없는 것은 업무 진행에 자주 방해를 받는 지

식근로자의 경우 상당한 스트레스를 받는다는 점이다. 나는 업무 지연에 따른 생산성 하락뿐만 아니라 서고 가는 것을 반복하는 상황 그 자체가 스트레스를 유발한다. 그래서 정말 필사적으로 집중적인 시간대를 확보하기 위해 노력한다. 하루 일과 중에서도 집중적인 시간대 확보를 위해서 노력하지만, 동시에 특정 프로젝트 완결에 필요한 시간대를 마련하기 위해서도 매우 신경을 쓰고 있다.

그러나 집중적인 시간대를 확보하는 것은 정말 만만치 않은 일이다. 한 권의 책을 마무리하는 일 역시 집중적인 시간대 확보에서 예외가 될 수 없다. 지금 쓰고 있는 이 책은 연휴가 계속되는 며칠간 거의 집중적으로 몰아붙이면서 초안을 잡고 있는 셈이다. 왜냐하면 다시 새로운 주가 시작되면 다양한 활동이 업무 진행을 방해할 것이 명백하기 때문이다. 특히 작업 지연에 따르는 생산성 하락 문제도 있지만 자꾸만 지체되어 업무가 쌓이면서 생기는 스트레스를 받고 싶지 않기 때문이기도 하다.

연속적인 시간을 확보하는 데는 무엇보다도 맺고 끊는 것을 분명히 하는 자세가 필요하다. 그렇지 않으면 다른 사람들의 시간 요구

에 늘 굴복하게 된다.

그리고 시간의 우선 순위를 전략적으로 배분하는 전략적 마인드가 삶의 한 부분으로 자리잡고 있어야 한다. 결단력이 없으면 항상 스트레스를 받으면서 살아갈 수밖에 없다. 연속 시간을 확보하고 그 시간 동안 계획된 일감을 위해 전력 투구하는 경험을 자주 가져 보라. 그때 두뇌가 팽팽한 긴장감 속어 작동도는 것을 느낄 수 있을 것이다. 삶을 통해서 그런 경험들이 축적되면 원할 때마다 어디서나 두뇌를 최대한 활용할 수 있는 방법이 되어 습관으로 뿌리 깊게 자리를 잡게 된다.

필사적으로 연속적인 시간을 확보하라

32 위험한 상황을 만들어라

항상 긴장감을 갖고 살 수는 없다. 두뇌도 마찬가지다. 두뇌 역시 항상 최고의 긴장 상태를 유지하면서 작동할 수는 없다. 적당히 긴장감을 이완시켜줄 시간이 필요하다. 그러나 이완된 상태가 오래 지속되면 틀림없이 문제가 발생한다. 리처드 레스탁 교수는 자신이 직접 임상 경험을 통해서 얻은 사실을 다음과 같이 말한다.

"현재 하는 일 없이 보내는 시간이 너무 많으면 종종 정신적 고민에 휩싸이게 됩니다. 몸과 마음이 아무런 활동을 하지 않고 있으면 따분함과 걱정, 우울함이 생기는 것입니다.

이런 불편한 정신 상태는 우리가 하는 활동에 상당히 부정적인 영향을 주기 때문에 우리는 부정적인 생각에 사로잡힙니다. 부정적인 생각은 어쩌면 우리네 조상들이 생존과 건강, 행복한 삶을 위해 수많은 물리적 위협들과 싸워야 했던 그 시절부터 전해 내려온 것인지도 모르겠습니다."

당신은 두뇌를 이완 상태에 오랜 시간 방치해본 경험이 있는가? 그때 어떤 증세가 일어났는가? 혹시 리처드 레스탁 교수의 임상 실험

과 비슷한 결과를 경험하였는가?

사람마다 조금씩 다를 것이다. 느슨한 사람은 이완 상태가 조금 길어도 큰 후유증이 없을 수 있다. 그러나 나는 정신적으로 이완된 상태가 오래 지속되면 불안감, 무기력함 그리고 허무감 등 다양한 증세를 심하게 경험한다. 유능하게 보이던 자신이 어느 날부터 갑자기 철저하게 무능한 사람으로 전락해버리는 그런 기분을 느끼는 것이다. 그래서 솔직히 나는 두뇌를 이완된 상태에 오랫동안 방치해두는 것을 매우 두려워한다.

반대로 고조된 긴장 상태에서 주어진 문제를 해결하기 위해 이런저런 방법을 찾으려고 노력하는 상태에서는 피로감보다 팽팽한 긴장감에서 오는 희열이나 쾌감을 느낀다. 자신에 대한 관찰과 그 동안의 경험으로 철저하게 보호 조치를 취하고 있는 것이다. 잠시 막간의 틈을 이용해서 두뇌를 쉬는 것을 허용하지만 좀처럼 두뇌가 이완 상태로 오랜 시간 방치되는 것을 허용하지 않는다.

내가 다작을 하는 이유도 이런 부분을 무시할 수 없기 때문이기도 하다. 여러 가지 과업을 두뇌에 부가하고, 이런 과업을 팽팽한 긴장

상태에서 하나하나 처리해 나가도록 항상 명령을 하고 있다.

예를 들어 이런 긴장 상태를 유지하는 데 최선의 방법은 계속해서 새로운 책을 쓰게 하는 것이다. 그런 주요 과업을 주면 두뇌는 중간중간 강연이나 기고가 많기 때문에 쉼 없이 앞을 향해 나아갈 수밖에 없다. 그렇기 때문에 지금 쓰고 있는 글이 막바지를 달려갈 때쯤에는 이미 또 다른 기획안을 두뇌에게 언제까지 내놓으라고 명령을 내려놓고 있다. 그래서 기껏해야 하루나 이틀 정도 휴식 기간을 거친 다음에 또 다른 책을 집필하기 시작하는 것이다.

거듭 이야기하지만 다소의 강박관념(?)이라고 표현할 수도 있는데, 그 이유는 이미 말한 바와 같다. 치열하게 두뇌가 움직이지 않으면 금세 심리적으로 우울해진다. 그 이유가 무엇인지 정확하게 알 수는 없지만 나와 생각을 함께 하는 사람들도 많으리라 믿는다.

또 다른 나의 경험은 두뇌가 상식적으로 쉽게 달성 가능한 수준의 업무만을 계속하면 금세 재미없어하고 자칫 잘못하면 우울 상태에 빠져든다는 것이다. 예를 들어 강연이나 기고는 이미 잘 알고 있는 상황을 가공해서 다른 사람들에게 전달하는 활동이다. 이런 경우

두뇌가 업무 처리를 하면서 느끼는 긴장 수준은 상대적으로 아주 높지는 않다. 아무리 이런 활동을 많이 하더라도 우울한 상태를 막을 수 없다.

여기서 내가 알게 된 것은 두뇌는 일종의 지적 게임을 대단히 즐긴다는 사실이다. 그러니까 일상적으로 할 수 있는 그 이상의 과업을 완수하기 위해 전력투구할 때 희열을 느낀다는 점이다. 나는 새 책을 집필할 때 그런 기분을 느낀다. 이 과업을 지속적으로 두뇌에 공급하지 않으면 그 다음에 오는 허탈감이나 자괴감 같은 감정을 막을 길이 없다. 이런 감정이 어디에서 오는가를 생각해볼 때가 있지만 아직은 그 원인을 정확하게 파악하지 못했다.

다만 이런 경험들을 하면서 내가 생각하는 사실은 인간은 빵으로만 살 수 없는 존재라는 점이다. 창조적이고 창의적이며 도전적인 과제가 있으면 이것을 하는 동안에 스스로 만족감을 느끼는 그런 존재이다. 기업가들은 사업을 확장해서 어느 궤도에 올라서면 다소의 무력감에 빠져든다고 한다. 그래서 그들은 편안한 것에 안주하지 않고 또 다른 위험한 프로젝트를 만들어서 도전한다고 한다.

이따금 나는 보통 직장인들의 정년 이후의 삶을 생각한다. 평균 수명이 매우 길어지고 있는 추세를 고려한다면 정년 이후의 과제는 세 가지로 요약할 수 있다. 경제적 안전, 건강 그리고 시간 관리다. 많은 사람이 팽팽한 긴장 상태로 다니던 직장에서 물러나면 얼마 되지 않아 금세 늙어버린다. 누구나 그런 상황을 경험할 수 있다. 그렇기 때문에 직장에 머무는 동안 스스로 주도적으로 두뇌 활동을 계속할 수 있는 방법을 찾아야 한다. 그렇지 않으면 정말 톡톡히 그 비용을 지불해야 할 것이다.

나에게 책을 쓰는 일은 일종의 지적 도전이다. 그것은 살아 있다는 것을 확인할 수 있는 일종의 자기 정체성 확인 작업이기도 하다. 어떤 직종에서 일하고 있든지 간에 자신의 분야에서 지적으로 도전할 만한 가치가 있는 과제를 두뇌에 어떻게 제공할 것인가는 개인이 맡아야 할 중요한 과제이다. 만일 그런 과제를 제공하지 못한 채 반복적인 일을 계속한다면 그것은 그다지 행복한 삶이 될 수 없을 것이다.

도전할 만한 것을 만들어서 계속 부지런히 움직여라

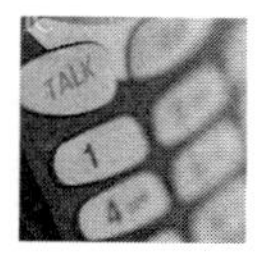

33 ____ 메신저와 핸드폰도 잠시 단절

마치 떠밀려 가듯이 살아가고 있다는 생각을 하는 사람들이 있을 것이다. 하루하루를 정신없이 이리 뛰고 저리 뛰는 식으로 생활하다 보면, 스스로 자신이 고갈되어 간다는 것을 느낄 것이다. 이렇게 생활하다 보면 '번아웃(burn out)' 상태에 도달할 가능성이 아주 높다. 이제 우리나라에서도 번아웃은 낯선 용어가 아니다.

"일을 하면서 받는 스트레스가 자신이 감당할 수 있는 한계를 넘어서는 경우 그리고 자신의 일을 통해서 만족감이나 성취감 대신 지속적인 동기박탈을 경험하는 경우에 주로 발생한다. ……개인의 위기관리시스템이 해결하지 못할 정도의 상태에 도달해서 결국에는 정신적, 육체적 파국에 이르는 것을 의미한다."

번아웃 상태까지 도달하지 않았어도 스스로 정신적 심리적 에너지가 고갈되어 가고 만성적인 피로감에 시달리는 사람도 있을 것이다. 이런 경우에는 거의 틀림없이 신경이 극도로 날카로워지고 공격적인 사람이 된다. 사소한 일에 짜증을 내거나 조급해하거나 사소한 언행에 급하게 반응하면 심신의 균형이 깨어진 상태라고 보

면 틀림이 없다.

다행히 자신이 즐길 수 있는 일로 생계를 유지하는 사람은 좀 나은 편이다. 물론 그런 사람도 겉으로 보이는 것처럼 그다지 세상살이가 만만하지만은 않다. 왜냐하면 우리 모두가 시장으로 달려가는 시대에 살게 되었기 때문이다.

그렇다면 어떻게 정신적, 심리적, 육체적인 균형을 유지해 나갈 것인가? 이는 이 시대를 살아가는 모든 사람의 중요한 과제라 해도 무리가 아니다. 이런 위기 상황에 처한 사람이 얼마나 창의적일 수 있을까? 거의 창조적 에너지가 고갈 상태에 도달하였을 것이다. 물리적인 시간은 어느 정도 채우고 있을지 모르지만 두뇌가 활발하게 부가가치를 창출해내기를 기대하기란 어렵다.

따라서 앞으로는 어떤 직종에 종사하든 간에 자신을 속도전에서 어떻게 보호해 나갈 것인가를 고민해야 한다. 별다른 안전조치가 없다면 속도가 가져다주는 모든 폐해를 고스란히 안을 수밖에 없다. 궁극적으로 번아웃 상태, 혹은 탈진 상태에 도달하는 것을 뜻한다. 이를 막을 수 있는 방법은 무엇일까? 그것은 규칙적으로 혼자 있는

시간을 확보하는 것이다. 공간상에서만 혼자 있는 시간이 아닌 진짜로 혼자 있는 시간을 의미한다.

우선 전화, 핸드폰, 그리고 메신저 사용을 제대로 통제할 수 있어야 한다. 핸드폰과 메신저는 두뇌 활동에 관심을 가진 사람들에게 새로운 도전 과제를 제시하고 있다. 즈도적으로 핸드폰과 메신저를 적절히 통제하지 못하고 24시간 대기 상태에 있다면 두뇌가동률 저하에 따른 비용을 기꺼이 지불해야 할 것이다. 물론 물리적 시간 개념으로 따지면 별 문제가 되지는 않을 것이다.

그러나 창의적인 활동을 위해 과연 두뇌를 제대로 사용하고 있는가를 고심한다면 집중적인 활동에 필요한 시간 동안 핸드폰과 메신저를 통제할 수 있어야 한다. 음성 사서함을 적절히 사용하는 것이 좋을 것이다. 나의 의견이 믿어지지 않는다면 단 며칠만이라도 핸드폰과 메신저를 통제한 상태와 24시간 대기 상태에서 이루어지는 업무량과 피로도를 측정해보라. 곧바로 어떻게 하는 것이 현명한지 금세 알게 될 것이다.

저녁이나 새벽 시간을 용의주도하게 사용하는 사람이라면, 긴 시

간 혼자 있을 수 있다. 일과 중에도 잠시잠시 짬을 낼 수 있다. 그런 시간을 이용해서 우리가 할 수 있는 일은 생활이 주는 긴장감과 속도를 인위적으로 늦추는 일이다. 혼자 있는 시간을 의도적으로 만들어내는 것만으로 정신적, 심리적 에너지를 보충할 수 있다.

나는 일과가 끝나면 업무 공간을 깔끔하게 정리 정돈한다. 그리고 5분 정도 눈을 감고 찬찬히 하루를 정리한다. 오늘은 무슨 일을 하였고, 미진한 부분은 무엇이었는가를 생각한다. 그리고 반드시 자신에게 수고했다는 감사를 잊지 않는다. 특히 아주 바쁜 스케줄 때문에 정신없이 뛰어다닌 하루였다면 5분 정도 하루를 마무리하는 의식을 갖는다. 그러면 두뇌에 입력된 온갖 정보를 정리 정돈하는 데 많은 도움이 된다.

새벽과 함께 시작하는 하루도 또 다른 기대감과 설렘으로 시작한다. 하루에 해야 할 일과를 또박또박 적어 나가는 행위 그 자체는 두뇌에서 새로운 임무를 부과하는 셈이다. 그리고 다시 한 번 결의를 다지는 의식일 수도 있다.

일과 중에도 잠시 짬을 내서 두뇌를 쉬게 하는 방법을 나름대로 실

천에 옮기고 있다. 즉, 잠시 어떤 사물을 골똘히 바라보는 것이다. 사물을 바라보면서 두뇌를 아무런 장애물 없이 이리저리 움직이며 다니는 것이다. 시간과 공간의 제약 없이 생각이 떠돌아다니는 시간은 불과 몇 분이면 충분하다. 그런 일들을 통해서 생활에서 오는 긴장감을 이완하고 두뇌에 에너지를 공급하는 셈이다.

세상이 변화한다는 객관적 사실을 어찌할 수는 없다. 다만 우리가 할 수 있는 최선의 일은 자신을 다스려 가는 일이다. 스스로 두뇌 활동이 최적 상태를 유지할 수 있도록 다양한 방법을 마련할 필요가 있다. 이 가운데서도 비용 없이 당장 실천에 옮길 수 있는 방법은 혼자 있는 시간을 짧게라도 가능한 자주자주 가지는 것이다. 그리고 핸드폰과 메신저가 자신의 삶을 마치 파블로프의 조건 반사처럼 수동적으로 반응하도록 내버려두는 것을 방지하는 것이다.

자주 진짜 혼자 있는 시간을 확보하라

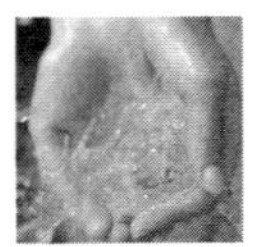

34 절박함이 중요한 이유

"저의 집안은 3대째 사업을 하고 있습니다. 그래서 주변 친인척 중에서도 사업을 하는 사람들이 많습니다. 제 자신 역시 사업 세계에 뛰어들었는데 시간이 흐르면서 느낀 게 한 가지 있습니다."

주변 사람들이 그의 말에 귀를 기울이면서 답을 재촉했다.

"그게 무엇인데요?"

"그것은 바로 위기의식입니다. 절박감을 의미하지요. 절박감을 가지고 있는 사람은 항상 무엇인가 새로운 것을 준비해두거든요. 사업이 원래 그렇지 않습니까? 잘 될 때는 문제 없는 것처럼 보이지만 막상 불황이 닥치면 나가떨어지는 사람들이 있습니다. 하지만 항상 절박감으로 무장한 사람들은 살아남습니다. 저는 친인척들의 사업이 흥하고 망하는 것을 보면서 그러한 삶의 지혜를 깨달았습니다."

카페의 오프 라인 모임에서 어느 회원이 들려준 이야기이다. 세상을 지배하는 중요한 키워드라고 할 수 있다. 절실함이나 절박함이라는 단어는 내가 무척 좋아하는 단어다. 좋아하기만 할까? 그렇지 않다. 그 단어는 나의 삶과 결코 떨어질 수 없는 단어다.

언젠가 '나의 인생, 나의 꿈'이라는 주제로 강연을 한 적이 있다. 오늘의 내가 있기까지 '무엇이 가능하게 작용하였는가'라는 주제를 강연할 때 첫 번째 등장한 단어는 '절박함'이었다. "항상 저는 절박하였습니다. 지금 이 순간에도 마찬가지고요." 그래서 나에게는 절박함이란 특별한 것이 아니라 그냥 삶의 한 부분일 뿐이다. 왜냐하면 모든 실질적인 변화, 혁신 그리고 개선은 절박함과 절실함이라는 단어 없이는 이루어질 수 없기 때문이다.

두뇌를 효과적으로 이용하고 싶다면 절박함과 절실함을 자신에게 어떻게 주입시킬 것인가를 생각해야 한다. 이 두 단어를 자기의 문제로 받아들이지 못한다면 활발한 두뇌 작동을 기대하기 어렵다.

어느 날 큰 아이가 아빠는 'too much worry about'하다는 이야기를 한 적이 있다. 나는 그 말을 예사롭게 흘려 보내지 않았다. 아마도 아이에게 아버지의 삶이 그렇게 보였나 보다. 아이의 지적은 정확하였다. 만일 당신이 두뇌가동률을 높이는 구체적인 방법을 고민하고 있다면, 그것은 어떻게 하면 절박함과 절심함을 공급할 수 있느냐에 달려 있다고 해도 과언은 아닐 것이다. 이때 필요한 게 두

가지다. 하나는 변화가 초래할 상황에 대한 두려움이다. 물론 두려움에 주눅 들거나 압도될 필요는 없다. 그러나 두려움의 실체를 정확히 알고 있어야 하고 그것을 정면으로 바라볼 수 있어야 한다.

두려움을 갖지 않는 이유는 무지함 때문이다. 변화가 초래할 효과가 너무나 명확한데도 많은 사람이 그 파고가 실체를 들어내기 전까지 피일 차일 시간만 보내는 경우가 허다하다. 이렇게 되면 준비할 시간조차 갖지 못한 채 거의 어려움을 그대로 경험하게 된다. 우리가 주변에서 보는 대부분의 항변이나 항의는 어찌할 수 없는 현실을 하나의 도전으로 받아들이기보다는 응석받이로 응대하다가 당하는 경우다. 변화를 현재 진행형으로 받아들인다면 훨씬 치열하게 무엇인가를 추구할 수 있을 것이다.

다른 하나는 적절한 욕심을 갖는 일이다. 현재의 상황에 대해서 건설적인 불만을 갖고 끊임없이 자신의 상황을 높이려는 건설적인 욕심이 있어야 한다.

두려움과 욕심, 이 두 가지는 우리 가슴에 있는 하나의 강력한 엔진이라 할 수 있다. 이것은 강한 의욕(意慾)이 되어 사람들에게 문제

해결을 위해 앞을 향해 나아가게 한다. 두뇌는 결국 두려움과 욕심이라는 두 가지 요인에 자극을 받는다. 그러면 두려움을 어떻게 지속적으로 유지할 수 있을까?

세상의 변화를 예리하게 관찰하거나 관심을 가질 때 두려움이 발생한다. 그래서 나는 언제 어디서나 변화와 관련된 책이나 잡지 그리고 미래와 관련된 책이나 잡지를 자주 읽는 편이다. 왜냐하면 미래에 대한 관심을 가지면 가질수록 두려움의 실체에 대한 정확한 정보와 지식을 가질 수 있기 때문이다. "알면 알수록 더 절박해지고 절실해진다." 이 말을 굳세게 믿기 때문에 나는 항상 가슴속에 새겨두고 되뇌곤 한다.

다른 한 가지는 욕심이다. 어린 시절부터 주변에 훌륭한 역할 모델(Role Model)이 있다면 다행이다. 예를 들어 주변에 아주 성공적인 삶을 개척해 나가는 사람이 있다면 그 자체가 큰 자산이 된다. 왜냐하면 그 역할 모델을 통해서 목표 수준을 한껏 올려 잡을 수 있기 때문이다. 그러나 이런 행운을 쥐는 사람은 그리 흔하지 않다.

그 외에 우리가 적절한 욕심을 공급받을 수 있는 방법은 책을 통해

서이다. 책에는 수많은 사람들의 성공 사례가 있다. 성공한 사람들의 자서전은 우리에게 건설적인 욕심을 제공하는 데 큰 역할을 한다. 정상에 선 사람들의 삶을 읽고, 그들의 삶을 부러워하고, 본받기 위해 노력하는 그런 과정에서 자연스럽게 욕심이 생겨나는 것이다.

또 한 가지 방법은 성공한 사람들이 속한 세계를 직접 눈으로 보고 느끼는 기회를 갖는 것이다. 예를 들어 당신이 원하는 삶을 이룬 사람들의 세계를 다룬 잡지를 즐겨 볼 수도 있다. 그리고 그들의 주거지를 방문할 수도 있다. 내가 쓴 『공병호의 독서노트 : 창업자편』에는 IBM을 일으킨 토마스 왓슨의 정상을 향한 야망이 그려져 있다. 자신이 원하는 부자들의 실상을 엿보는 기회를 접하면서 토마스 왓슨은 자신의 야망을 키워간다.

"아버지(토마스 왓슨)는 자신의 야망을 한 단계 한 단계씩 키워 나갔다는 말을 하곤 했다. 그리고 세상 물정을 알면 알수록 더 많이 성취하고 싶었다고도 했다. 아버지는 어린 시절, 진흙탕이 된 길가에 서서 코닝글라스 회사의 창설자인 애머리 하크턴 2세가 마차를

타고 지나가는 광경을 지켜보던 기억이 난다고 하면서 자신도 그처럼 마필과 마차를 가지는 게 소원이었다고 했다. 금전등록기 판매 일을 하고 있을 당시 아버지는 몇 단계 위로 올라섰는데 그때 다시금 부(富)의 실상을 힐끗 쳐다볼 기회가 있었다. 예전에 만난 적이 있는 시카고의 한 변호사가 미시간 호반의 으리으리한 자기 저택으로 아버지를 초대한 것이다. 그 변호사는 자신도 농촌 출신이라고 했다. 그래서 아버지도 시야를 더 높은 곳에 두게 되었다."

두려움과 욕심은 두뇌를 긴장하게 하고 강력한 추진력을 제공한다. 두뇌는 적절한 긴장 상태를 유지할 때 원하는 결실을 거둘 수 있다. 따라서 이완된 상태에서는 아무리 오랜 시간 두뇌를 작동하더라도 소기의 성과를 거둘 수는 없다.

절박함과 절실함으로 긴장감과 추진력을 제공하라

35 ＿＿＿＿ 아 이 디 어 는 질 보 다 양

"그렇게 아이디어를 퍼붓듯이 내놓으면 아이디어가 고갈되지 않을까요?"

"글쎄요. 그럴 가능성도 있겠지요. 하지만 다른 뾰족한 수가 없지 않습니까?"

"공 박사가 일하는 방식을 보고 있으면 부러운 한편 두렵다는 생각마저 듭니다. 왜냐하면 밑천이 금세 바닥나지 않을까 하는 걱정 때문입니다. 사실 그 때문에 저는 조금씩 생산 양을 조절하면서 롱런하는 쪽을 택하고자 합니다."

얼마 전 과거의 직장 동료 P씨와 만나 나눈 이야기이다. 그날 우리가 주로 나눈 이야기는 일에 관한 것이었다. 특히, 정신 노동을 주로 하는 사람들은 어떻게 하면 계속해서 특별하고 신선한 아이디어를 생산해낼 수 있을까 하는 것이었다.

오늘날처럼 소비자 욕구와 기술이 급속히 변화해가는 시대에 자신이 시장의 요구 사항을 항상 만족시킬 수 있을까 걱정하는 것은 당연한 일이다. 나 자신도 이런 걱정과 두려움에서 자유로운 적은 거

의 없다.

P씨가 선택한 전술은 '천천히, 천천히' 생활하는 것이다. 그는 한 꺼번에 많은 아이디어를 양산하지 않는다. 설령 그런 능력이 있다 하더라도 그가 항상 염두에 두는 것은 아이디어의 고갈에 대비해야 한다는 점이다. 그래서 아이디어의 흐름(flow)을 의도적으로 조절하는 것이다.

최대한 노력하면 일년에 3개 내지 5개의 프로젝트를 성사시킬 수 있는데도 최소 기준인 1건이나 2건 정도만을 제공한다. 그리고 다른 사람들의 눈에는 마치 자신이 최선을 다해서 일한다는 인상을 짙게 심어준다. 그는 이런 방법을 지금까지 선택하여 왔으며 여전히 그 방법을 사용하고 있다. 물론 직장에서도 그는 상당히 인정받고 있다.

살아가는 방식의 차이겠지만 나는 두뇌 활동 면에서 P씨와 다르게 생각한다. 두뇌는 적절한 정보 투입이 계속 이루어지고 긴장 상태를 유지할 때 지속적으로 아이디어를 만들어낼 수 있다. 게다가 일단 가속도가 붙으면 생산하는 아이디어는 폭발적으로 늘어난다.

그러니까 아껴 가면서 조금씩 생산하는 것보다는 생산할 수 있을 때 폭발적인 속도로 양산하는 것이 더 낫다고 본다.

그리고 아이디어를 창출하면 그것으로 끝나는 것이 아니다. 왜냐하면 아이디어는 또 다른 아이디어를 만들어내는 기초를 제공하기 때문이다. 그렇게 작업을 하다 보면 아이디어를 포괄하는 범위가 한층 넓어진다.

물론 내년에는 어떻게 하나, 그리고 그 다음해에 혹시 아이디어가 고갈되어 나 자신이 무용지물이 될 수도 있지 않을까라는 원초적인 두려움을 갖지 않는 사람은 없을 것이다. 그럼에도 불구하고 그런 두려움조차도 두뇌를 더욱더 헌신적으로 작동하는 데 도움이 될 수 있다.

두뇌를 양산 체제로 운영할 것인가, 아니면 특화 생산 체제로 운영할 것인가는 결국 개인이 선택할 문제다. 두뇌를 확대지향형 모델로 운영할 것인가, 아니면 축소지향형 모델로 운영할 것인가 또한 개인이 선택할 문제다. 나는 양산 체제 쪽에, 확대지향형 모델 쪽에 우선권을 두고 있다. 그리고 상품도 히트작을 겨냥해서 하나하나

신중을 기해야겠지만 해보지 않고서는 시장의 반응을 정확히 알 수 없다는 단점이 있다.

본인이 특정 기간 충분한 동기부여가 된 상태에서 많은 수의 아이디어를 양산할 수 있고, 그 결과 다양한 상품이나 서비스를 시장이나 조직에 내놓을 수 있다면 그렇게 하는 것이 좋다. 이런 과정들이 모두 일련의 트레이닝 과정에 속한다. 두뇌는 이런 과정을 통해서 더욱더 예리하게 다듬어진다. 정교하게 다듬어진 두뇌는 더욱더 생산적인 아이디어를 양산할 수 있는 그런 체제를 구축할 수 있다.

사람마다 다르겠지만 어느 한 주제에 흥미를 느껴 생각하고 관심을 유지하는 데는 한계가 따른다. 나의 경우 관심이 지속되는 시간이 그렇게 길지 않다. 예를 들어 특정 주제를 다루는 한 권의 책을 집필할 때도 길어야 3개월 정도 지나면 관심과 흥미를 잃어버린다. 그런 특징을 정확히 알기 때문에 일단 특정 주제를 정하고 나면 두뇌를 풀가동하는 식으로 작업을 한다. 그런데 특이한 것은 특정 주제에 대해서 두뇌를 풀가동하는 동안 또 다른 아이디어들이 꼬리

에 꼬리를 물고 뒤를 잇는다는 것이다.

나는 이런 상태를 지적 모험이라고 표현한다. 이 다음에 아이디어가 고갈될 수도 있고, 그래서 직장을 그만둘 수도 있을 것이다. 그러나 그런 최악의 상태를 가정해서 아이디어 생산을 인위적으로 억제하고 자기 자신을 불완전 연소 상태로 유지하는 것은 그다지 현명한 선택이라고 생각하지 않는다.

이 다음에 어떻게 될 것을 두려워한 나머지 스스로 자신의 한계를 정해버리는 것은 어쩌면 장기적으로 매우 위험한 상태가 될 수도 있다. 따라서 끊임없이 지적 모험을 즐길 수 있도록 두뇌를 풀가동 상태로 유지할 필요가 있다. 그 다음 일은 그 다음에 걱정해도 충분하다. 완전히 연소하는 식으로 두뇌를 가동하다 보면 또 다른 아이디어는 생겨나게 마련이다.

그래서 나는 두뇌 활동을 양산 체제로 운영하고 있다. 많은 양 속에는 우수한 것도 있고 열등한 것도 있다. 시장에서 히트를 치는 것도 있고 그렇지 않은 것도 있다. 히트 친 것을 중심으로 또 다른 생산을 해나가면 된다. 아무리 정교하게 사전에 계획을 세워도 시장이

외면해버리는 경우도 허다하다.

대부분 스스로 아이디어를 내고 그것을 시장에 출시해서 실험해보기 전에는 알 수 없다. 그러므로 두뇌를 양산 체제에 익숙하게 만들어야 한다.

많이 생각하고 생산하도록 두뇌를 독려하라

36 　밀어붙일 땐 확실하게

'나중에 좀더 하면 되지.'

많은 사람이 한창 하고 있는 일이 잘 되고 있을 때 불현듯 이런 생각을 한다. 그래서 약간의 휴식을 취한 다음 다시 일을 한다. 하지만 좀처럼 능률이 오르지 않아서 참담한 기분을 경험하곤 한다.

두뇌 활동은 주변 환경에 민감하게 반응한다. 특정 시간, 장소, 일, 분위기 등이 조합된 특정 조건에서 두뇌 활동 상태가 결정된다. 그렇기 때문에 어떤 일을 처리할 때 자신을 찬찬히 관찰할 필요가 있다. 아마도 두뇌의 활동 상태는 높고 낮음을 반복할 것이다.

우선 현재 두뇌 활동 상태를 알아야 한다. 만일 두뇌 활동이 고양된 상태에 들어갔다고 판단되면 이것저것 가리지 말고 집중적으로 밀어붙여야 한다. 두뇌 상태가 높은 효율을 자랑하는 그런 상태는 좀처럼 잡기 어려운 기회일 수 있다. 게다가 설령 다시 온다 하더라도 원래 상태로 자신의 두뇌 활동을 진입시키기까지는 여러 가지 어려움이 따른다.

일단 두뇌 활동이 활발하게 이루어지는 상태를 만드는 데 성공하

면 앞뒤 뒤돌아볼 필요 없이 일을 밀어붙여야 한다. 물론 이때에는 항상 내부의 적이 등장한다. 예를 들면 다음과 같다.

"일을 생각보다 많이 했으니 조금 쉬었다 하는 게 좋겠다."

"조금 있다가 좀더 집중적으로 하는 것이 좋겠다."

"아 참, 그 일을 좀더 한 다음에 지금 하는 일을 다시 시작하는 것이 좋겠다."

이렇게 해서 사람들은 한창 절정 상태에 있는 일을 잠시 옆으로 밀어 놓고 다른 일을 하다가 다시 원래 하던 일을 하곤 한다. 그 원인은 과연 무엇일까? 답은 사람들의 심리에 있다. 사람들은 일이 잘 안 될 때 '왜 일이 제대로 진행되지 않을까?'를 걱정한다. 그러나 일이 아주 잘 되고 있을 때는 마치 경기(景氣)가 좋을 때 사람들이 갖는 마음가짐과 비슷하다. 즉, 좋은 경기가 오래오래 지속될 것처럼 착각하는 성향을 가지고 있다.

그러나 저속 상태에 있는 두뇌를 고속 상태로 끌어올리기란 쉬운 일이 아니다. 그렇기 때문에 일단 두뇌가 고속 상태에 진입하였다고 판단되면 철저히 밀어붙여야 한다. 그리고 항상 그런 기회는 좀

처럼 오지 않는다는 것을 두뇌에게 확인시켜놓아야 한다. "Never Come Again!"

나는 어느 한 프로젝트를 결정하면 가장 먼저 그 프로젝트를 잘게 자르는 일부터 한다. 그러고 나서 쪼개진 프로젝트 하나하나를 일일목표리스트에 기록한다. 다시 말해 두뇌에게 여러 개의 목표를 달성해야 한다는 과제를 심어주는 것이다. 누구에게나 그렇듯이 일을 처음 시작한다는 것은 항상 어렵다. 몇십 년 동안 일을 해왔으면서도 항상 새로운 일을 시작하는 단계는 심리적으로 저항이 따른다. 그런 저항을 무릅쓰고 일을 시작했는데도 불구하고 모든 게 바로 고속 주행 상태로 진입하는 것도 아니다. 게다가 아예 고속 주행 상태에 진입하지 못하는 경우도 있다.

그러나 다행인 것은 두뇌가 고속 주행 상태에 들어가는 것을 느낄 수 있다는 것이다. 그러므로 두뇌 활동의 상태를 주의 깊게 관찰할 필요가 있다. 어떻든 일단 고속 주행 상태에 들어가면 모든 것이 부드럽게 돌아간다. 점점 가속도를 받아 두뇌는 평소보다 훨씬 효과적으로 일을 처리해 나간다.

그런데 이때도 내부의 적이 존재한다. '야, 일을 정말 잘하는데. 이 정도면 언제까지 목표를 초과 달성할 수 있겠는데.' '고생하였으니까 좀 쉬고 하는 것이 어떨까요?'라는 내면의 목소리가 고개를 드는 것이다. 뿐만 아니라 '일단 자질구레한 일들을 처리한 후에 일을 해도 충분하겠는데, 그렇지 않아요?'라는 유혹도 자주 만난다.

이런 목소리에 굴복당하면 큰 낭패다. 왜냐하면 이 다음에 그런 상태를 만들어낸다는 보장이 없기 때문이다. 내가 번번이 그런 고혹적인 유혹에 굴복하면서 깨닫는 것은 'No More Chance'라는 것이다. 즉, 결코 고속 주행 상태를 만들어낸다는 것이 쉽지만은 않다는 점이다.

이런 유혹이 다가올 때는 마음을 굳게 먹고 마치 단거리 육상 선수가 모든 에너지를 모아서 스퍼트하는 것처럼 사무용 의자를 바짝 앞으로 끌어당겨야 한다. 배가 책상에 붙을 정도로 다가앉은 다음에 일을 밀어붙여서 끝내 버려야 한다는 결심을 갖고 임해야 한다. 그렇지 않으면 그런 유혹에 언제라도 굴복당할 수 있다.

그리고 일일목표리스트를 보고 결의를 더하면서 마지막 스퍼트를

해야 한다. 이렇게 자신을 조여가면 두뇌는 계속해서 초고속 상태를 유지하여 짧은 시간 안에 프로젝트를 완결할 수 있게 된다. 나의 경험은 기회란 쉽게 오지 않기 때문에 마지막 스퍼트를 멋지게 성사시킬 수 있어야 한다는 점을 가르쳐준다.

일단 두뇌가 고속 주행 상태에 진입하였다고 판단되면 철저히 밀어붙여라

37 　자 신 을 　늘 　관 찰 하 라

'삼대 부자가 없다'는 옛말이 있듯이 세대를 넘어서 부(富)를 유지한다는 것은 참으로 어렵다. 그래서 나는 고(故) 이병철 회장의 자손들로 이루어진 삼성가(家)의 성장 비결에 유독 관심을 갖는다. 물론 그들의 성장도 현재 진행형이기에 앞날을 확신할 수는 없다. 그럼에도 불구하고 신세계그룹이나 CJ그룹의 약진을 통해 삼성가의 성장을 눈여겨보게 된다. "왜 유독 그들인가"라는 질문을 해온다면 나는 그 집안의 심미안(審美眼)에 주목해보라고 말하고 싶다. 미적 감각이라는 큰 테두리 안에서 보면 '예리한 관찰력'일 것이다. 유독 그들은 그 부분에서 강점이 있다. 주변에 대한 예리한 관찰력은 사업 세계의 성공이나 인생의 성공에서 무척 중요한 자산이자 습관이다.

그러나 주변을 유심히 관찰하는 것만이 가치가 있는 것은 아니다. 이것 못지 않게 귀한 것은 자기 자신을 섬세하고 예리하게 관찰하는 능력이다. 자기 자신을 관찰하면 여러 가지 이점이 있다. 특히 두뇌 활동과 관련해서는 언제, 어떤 상황에서 두뇌가 최고 혹은 최

저로 작동하는가를 정확하게 파악하고 있어야 한다.

관찰은 두뇌에 대한 이해도를 높이고 어떤 행동을 취해야 하는가에 대한 정확한 정보를 준다. 만약 당신이 같은 물리적 시간을 갖고 생활하더라도 스스로 두뇌에 대해서 정확히 이해를 하는 사람이라면, 적게 일하고 많이 거둘 수 있을 것이다. 당신은 아는 것의 범위 내에서만 행동할 수 있다.

그런데 많은 사람들은 무심하다. 두뇌의 효율성에 대해서 그다지 큰 관심을 두지 않는다. 양적 사고로부터도 자유롭지 않고, 그냥 물리적으로 몇 시간을 일하면 된다는 믿음으로부터도 자유롭지 않다.

두뇌를 다룰 때 우리는 질적 사고방식을 몸에 익혀야 한다. 물리적 시간이 얼마나 되는지에 관계없이 가장 효율적으로 두뇌를 활용하는 방법을 나름대로 생각해내야 한다. 이때 출발점은 자신의 두뇌를 잘 이해하기 위해 노력하는 일이다. 이 일은 자신만이 할 수 있는 일이다.

두뇌에 대한 이해도를 높이기 위해 다음과 같은 질문에 답을 문장으로 써보라.

 두뇌가동률을 높여라

●당신의 두뇌는 하루 중 몇 시경에 가장 활발하게 활동하는가?

●당신의 두뇌는 하루 중 몇 시경부터 활동이 둔화되는가?

●두뇌의 컨디션에 영향을 미치는 요인은 무엇인가?

●어떤 활동을 할 때 두뇌가 활력을 갖는가?

●어떤 활동을 할 때 두뇌가 활력을 잃어버리는가?

●누구를 만날 때 두뇌가 활력을 갖는가?

●누구를 만날 때 두뇌가 활력을 잃어 버리는가?

스스로 자신의 두뇌 활동을 관찰하는 사람은 이런 정보를 갖고 여러 가지 시도를 해보고 싶은 욕구를 느낄 것이다. 예를 들어 두뇌가 피로를 느낄 때 어떤 방법을 사용하면 짧은 시간 안에 피로감을 극복하는가? 부지런한 사람은 이런 방법 저런 방법을 사용해볼 것이다. 그래서 하나하나 자기 방식으로 두뇌를 효과적으로 다루는 방법이나 요령을 터득해갈 수 있다.

그런데 이런 방법에는 일률적으로 이렇게 저렇게 하라는 방법이 따로 없다. 스스로 조금씩 깨우쳐 가는 방법이 가장 최선의 방법이다.

나는 두뇌 활동을 예리하게 관찰해가고 있다. 컴퓨터 파일의 하나는 'Brain'이다. 그곳에서 위의 질문들에 대한 답이나 두뇌와 관련된 각종 단상들을 메모 형식으로 정리해둔다. 그래서 가능한 지치지 않고 두뇌 활력을 유지하기 위해 나름대로 요령을 익혀가고 있다. 때로는 아주 새로운 시도를 해서 두뇌 활동을 고조시키는 방법을 발견하곤 그것을 습관으로 만들어내는 쾌거를 이루기도 한다.

관찰, 분석, 실험 그리고 대안 마련, 그 다음에 그것을 습관으로 만들어 가는 과정을 반복해 나가고 있다. 그렇게 하다 보면 자연스럽게 가능한 두뇌에 필요 없는 스트레스나 피로감을 주는 활동을 줄이기 위해 노력하게 된다. 만일 누군가 나에게 두뇌의 컨디션을 낮추는 활동을 목록으로 작성해보라고 한다면, 다음과 같이 상위 여섯 가지로 정리할 수 있다.

- 잠을 갑자기 줄였을 때
- 술을 마셨을 때
- 과식을 하였을 때

- 목표를 상실하였을 때
- 분노하였을 때

그래서 나는 생활 속에서 이런 일들이 일어나지 않도록 각별히 조심을 한다. 그러나 이런 일들을 원천적으로 막을 수는 없다. 그래서 일단 이런 일들이 발생하면, 스스로 짧은 시간 안에 돌파구를 마련하기 위해 나름대로 노력한다. 가장 좋은 방법은 생활 속에서 일어나지 않도록 하는 것이다.

잠 자는 시간을 줄인 다음에 지불해야 하는 비용은 정말 엄청나다. 이런 경우 예외 없이 두뇌의 컨디션이 엉망이 된다. 그래서 저녁 늦게 사람 만나는 자리를 갖지 않으려고 무척 노력하는 편이다.

일반적으로 술은 여러 가지 습관 가운데서 두뇌에 상당한 부담을 준다. 자주 마시는 경우는 어떨지 모르지만 정교한 두뇌 활동을 펴는 사람에게 과음은 치명적이다. 원위치로 회복하는 데 상당한 시간과 비용이 필요한 습관 중 하나이다. 습관적인 과음은 뇌세포를 파괴하는 데 어느 정도 역할을 하고 장기적으로는 치매의 단서를

제공하기도 한다. 한편 담배는 두뇌에 공급하는 산소의 양을 줄인다. 그리고 냄새가 고약하다. 두뇌는 냄새에도 민감하게 부정적인 반응을 보인다.

그 밖의 생활의 긴장감을 잃어버렸을 때나 음식을 필요 이상 많이 먹었을 때이다. 약간 배가 고픈 상태에서 두뇌 활동이 가장 고조되기 때문에 항상 그런 상태를 가능한 한 유지하기 위해 노력하고 있다. 나는 과식하지 않기 위해 항상 주의를 기울인다. 식사를 앞둔 시점에 두뇌 활력이 고조되기 때문에 이 시간대가 가장 업무를 집중적으로 처리하기에 좋은 때다. 특히 점심 식사를 과식하면 오후 활동에 반드시 지장이 생긴다. 그러므로 점심 식사를 과식하지 않도록 반드시 아침을 잘 챙겨먹어야 한다. 그렇지 않으면 허기가 진 상태로 오전 활동을 할 수밖에 없기 때문에 두뇌 활동에 큰 지장을 준다. 게다가 점심은 자동적으로 과식을 하기 때문에 하루 종일 두뇌 컨디션을 낮추게 된다. 절제된 생활만이 두뇌 활력을 유지시켜줄 수 있다.

이런 사례들을 나름대로 하나하나 발굴해내야 한다. 그리고 이를

교정하기 위해 일련의 행동을 취해야 한다. 고전적인 경구로 돌아가면 '자기 자신을 알라'는 것이다. 두뇌 활동에 관심을 가진 사람들도 이런 경구를 늘 새기면서 살아야 한다.

두뇌 활동을 예리하게 관찰하고 개선책을 찾아라

38 _____ 하 체 에 투 자 한 다

신체가 허약하면 두뇌 기능도 함께 하락한다. 따라서 두뇌 기능을 강화하기 위해서는 규칙적인 운동으로 신체의 전반적인 기능을 향상시켜야 한다.

시간을 효율적으로 사용하는 사람들은 운동을 위해 시간을 할애하는 것을 결코 시간 낭비라고 생각하지 않는다. 왜냐하면 규칙적인 운동이야말로 신체의 기능뿐만 아니라 두뇌 기능을 향상시키는 데 생산적인 투자라는 것을 알고 있기 때문이다.

헬스, 자전거타기, 조깅 그리고 수영과 같은 운동은 심폐 기능을 강화하고 신체의 활력을 높여준다. 이런 운동들은 신진 대사를 원활히 하고 지구력을 강화해주기 때문에 두뇌 활동에 큰 도움이 된다. 특히 평소에 근력(筋力)을 강화하는 일은 매우 중요하다. 분주하게 보내는 사람이라면 2~3일 정도 하루에 30분 아령 운동을 하는 것만으로 근력을 강화할 수 있다. 그 밖의 팔굽혀펴기도 괜찮다. 나는 일주일에 3일, 다섯 가지 정도의 운동을 매번 15회 정도 돌아가면서 한다. 2회 반복하는 아령 운동은 꾸준히 하고 있다. 윗몸일으키

기는 150회 정도, 배근 운동도 게을리하지 않는다. '뱃살로부터 당신을 보호하라!' 이런 구호를 항상 머리 속에 새기고 있다.

내가 근력 운동을 게을리하지 않는 이유는 자세를 꼿꼿이 유지할 수 없으면 반드시 두뇌의 집중도와 지구력이 떨어진다는 것을 강하게 체험하였기 때문이다.

사람의 근력은 25세쯤 정점에 달해 이후 매년 1% 정도씩 감소하는데, 근력 감퇴는 단순한 힘의 감소를 뜻하는 것이 아니다. 근육은 뼈와 함께 우리의 몸을 지탱하는 힘이기 때문에 근력이 약해지면 지구력이 약화되고 항상 피로감을 느끼게 된다.

특히 두뇌 기능에 관심이 깊은 사람은 하체를 단련하는 데도 각별한 노력을 기울여야 한다. 리처드 레스탁 박사는 두뇌 기능에 관심을 가진 사람들에게 '다리의 근력이 강화될 때 두뇌의 균형이 유지되고 중추신경의 조화도 꾀할 수 있기 때문에' 다리의 힘을 강화하라고 권한다.

나 또한 다리 근력의 강화가 두뇌 기능과 직결된다는 사실을 경험하였다. '무너져 내린다'는 표현을 사용할 정도로 하체의 힘은 두뇌

기능에 큰 영향을 미친다. 그래서 오래오래 자신의 두뇌 기능을 유지, 발전시키길 원한다면 하체 기능을 유지하기 위한 운동을 지속적으로 실시해야 한다. 도를 닦는 것처럼 열심히 하체 운동을 해야 한다.

단전 운동이나 태극권과 같은 방법을 통해서 몸의 균형과 하체를 단련하는 사람들도 있지만, 가장 값싸게, 원하는 시간에, 파트너 없이 즐길 수 있는 운동은 조깅이나 빠른 속도로 걷는 것이다.

이 두 가지 운동은 멋진 조깅화 하나만 있으면 당장 시작할 수 있다. 지금도 나는 저녁 무렵이면 하루를 정리하고 어김없이 약 30분에서 40분 정도 조깅을 하거나 걷는다. 몸의 상태가 썩 좋지 않을 때는 그냥 천천히 걷는다. 어쩌다 이틀 정도 운동을 하지 않으면 의욕이 감퇴되는 것을 민감하게 느끼기 때문에 어쩔 수 없는 경우를 제외하고는 매일 뛰려고 한다. 뛰는 일은 나의 생활에서 가장 우선순위가 높은 활동 가운데 하나이다. 그만큼 하체를 유지하는 일을 중요하게 생각한다는 것이다.

『뇌내혁명』을 쓴 하루야마 시게오 박사는 뇌세포를 지키고 근육을

강화하는 방법으로 걷기를 권한다. 그에게 기준치는 1만 3000보이지만, 최소한 하루 5000보 정도는 걸어야 한다고 말한다. 그는 걷는 운동이야말로 뇌내 모르핀 분비를 촉진하고 우뇌 활동을 활성화시키기 때문에 창조적인 활동에 큰 도움을 받을 수 있다고 말한다.

"비가 와도 우산을 쓰고 걸어야 한다. 심한 폭풍우가 불지 않는 한 매일 5000보 이상 걷는 운동을 지속해야 한다. 산책 코스를 여러 개 만들어 놓고, 그때그때 기분에 따라 선택하는 것도 싫증나지 않게 걷는 운동을 지속할 수 있는 좋은 방법일 것이다. (……)

그렇다면 걸으면서 어떤 생각을 할 수 있을까. 나는 꿈이나 희망 그리고 장래계획에 관해서 생각한다. 일단 이런 생각을 시작하면 기분이 좋아지기 때문에 쉽게 멈출 수 없다. 심지어 비가 내리고 있다는 사실조차 까맣게 잊어버릴 때가 있다. (……)

이런 상태에 빠져든다는 것은 우뇌가 그만큼 바쁘게 활동한다는 것을 의미한다. 알파는 우뇌에서 나오므로 우뇌를 활동시키려면 좌뇌를 진정시킬 필요가 있다. 그런데 좌뇌를 진정시키는 데 가장

효과적인 방법이 바로 걷는 운동이다. 좌뇌가 잠잠해지면 우뇌에서 지혜가 솟아오른다. 가만히 앉아서 하는 명상이 좋다고 하는 사람도 있으나, 가만히 있으면 좋은 지혜가 떠오르지 않는다. 오히려 잡념이 생긴다. 그러므로 산책을 하면서 자기가 좋아하는 대상에 관해 생각하는 습관을 일상화하는 것이 몸에도 좋고 머리에도 좋다."

나는 산책 대신 조깅을 한다. 조깅이라고 해서 격렬하게 뛰는 것은 아니다. 관절이 상하지 않도록 유의하면서 뛰는데, 그 사이에 하루야마 박사처럼 이런 저런 생각을 한다. 그런데 조깅이나 걷는 운동은 주위의 풍광이 계속 변화해간다는 것을 뜻한다. 내가 뛰는 코스는 농구 코트 정도의 운동장인데 주위를 돌기도 하고, 가로지르기도 하고, 일직선으로 뛰기도 하면서 코스를 계속 변화시킨다. 스쳐지나가는 장면들처럼 끊임없이 변하는 주변의 모습은 우뇌를 계속자극해서 창조적인 발상을 낳을 때가 자주 있다.

운동을 마치고 샤워를 할 때면 자신에 대한 자긍심, 자신감, 그리고 하루를 마무리하는 충만감이나 성취감으로 언제나 또 다른 하루를 맞을 준비를 마무리하게 된다. 결국 위대한 성취란 갑자기 오는 것

이 아니다. 이처럼 아주 사소하게 보이는 습관을 가질 때 위대함을 향해 한 발자국 한 발자국 나아갈 수 있게 된다. 그것이 성취하는 사람이 가진 묘미가 아니겠는가?

하체 단련으로 두뇌 활력을 강화하라

제2부

새로운 정보를 효과적으로 입력하는 방법

39 두뇌는 무한한 공장이다

'두뇌가 공장을 대체하는 시대이다.'

세상은 그렇게 변화해가고 있다. 이제 대부분 지식근로자는 자몽만한 크기의 두뇌라는 자체 공장을 이용해서 지식과 아이디어를 끊임없이 만들어내야 한다. 고객을 만족시킬 수 있는 싱싱한 지식과 아이디어가 고갈된다면 떠날 준비를 해야 한다. 왜냐하면 어중간한 일이나 반복적인 일은 컴퓨터가 대신 해버리거나 아니면 중국이나 인도 그리고 동남아시아 근로자들의 몫이 될 것이기 때문이다.

그런데 두뇌라는 공장은 보통 공장과는 다르다. 보통 공장은 유한(有限)하다. 돈과 시간을 많이 들여서 증설하지 않고서는 생산 설비를 늘릴 수 없다. 한계가 분명히 있기 때문이다. 하지만 두뇌라는 공장은 무한(無限)하다. 다루기에 따라서 얼마든지 생산 설비를 늘릴 수 있다. 그것도 공장처럼 큰돈 들이지 않고 간단한 요령과 기술을 익혀서 꾸준하게 반복하는 것으로 충분하다. 물론 무한대까지야 두뇌 용량을 늘릴 수 없지만 상식이나 고정관념에 비추어 볼 때

놀라운 수준까지 용량을 증가시킬 수 있다. 그래서 무한(無限)이라는 형용사를 붙일 수 있다.

'유한 공장, 무한 두뇌.'

여러분은 대단한 가능성을 가진 '무한 용량의 두뇌'가 있음을 깊이 깨달아야 한다. 그냥 대충 근근히 살다가 사라져서는 안 된다. 자신의 가능성에 대한 큰 깨달음이 있다면 얼마든지 자신의 삶 자체를 변화시킬 수 있다. 스스로 인생에서 주역배우로 살다 갈 수 있다. 그런데 그 모든 것은 두뇌를 어떻게 활용하느냐에 달려 있다.

얼마 전 삼성그룹 이건희 회장이 '천재경영'에 대해서 인터뷰한 적이 있다. 나는 이 회장의 천재경영을 전통적인 천재라는 사전적인 의미로 해석하지 않는다. 본래 타고날 때부터 대단한 사람이 아니라 어느 분야에서건 자신을 그런 경지로 끌어올리기로 작정하고 노력하는 사람이라면, 수준의 차이는 있을지 모르지만 어떤 의미에서 천재의 반열에 들 수 있다고 본다. 내가 생각하는 '천재'란 무한 두뇌의 비밀을 깨치고 그것을 자신의 삶 깊숙이 실천하는 사람이다.

"21세기는 경쟁이 극한 수준으로 치닫기 때문에 소수의 창조적 인재가 승패를 좌우하게 되죠. 과거에는 10만 명, 20만 명이 군주와 왕족을 먹여 살렸지만 앞으로는 천재 한 사람이 10만 명, 20만 명을 먹여 살리는 시대가 될 겁니다.

총칼이 아닌, 사람의 머리로 싸우는 두뇌전쟁의 시대에는 결국 뛰어난 인재, 창조적 인재가 국가의 경쟁력을 좌우하게 됩니다. 20세기에는 컨베이어 벨트가 제품을 만들었으나 21세기에는 천재급 인력 1명이 제조공정 전체를 대신할 수 있어요. 예를 들어 반도체 라인 1개를 만들려면 약 30억 달러 정도가 들어가는데 누군가 회로선폭을 반만 줄이면 생산성이 높아져 30억 달러에 버금가는 효과를 거두게 됩니다.

천재들을 키워 5년, 10년 후 미래산업에서 선진국과 경쟁하여 이기는 방법을 말씀드리는 겁니다."

이와 같이 누구나 분야에 상관없이 천재가 될 수 있다. 이 글을 읽는 여러분도 천재가 될 수 있다. 그것은 그냥 하는 말이 아니라 평소에 내가 믿는 신념이기도 하다.

‘설마 그럴 리가 있어요’, ‘내가 어떻게 천재가 될 수 있어요’ 라고 회의적으로 생각하는 사람이라면, 더욱더 이 책을 끝까지 읽어야 할 것이다.

두뇌 공장의 설비 증설을 과감히 시도하라

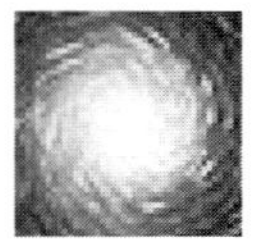

40 기적은 없다

"나는 길을 갈 때 가능한 한 다른 길을 택해서 가려고 한다. 그리고 수많은 간판들을 유심히 살핀다. 어쩌다 똑같은 길을 갈 때는 바뀐 간판이 얼마나 되는가 살펴본다. 그러면 30퍼센트는 바뀌어 있다. 그걸 보면서 '아, 저 집은 장사가 잘 안 되는구나. 장사가 잘 되는 집은 뭔가 이유가 있구나.' 나름대로 생각하면서 지나간다.

일부러 보려고 보는 것이 아니라 나도 모르지 저절로 그렇게 된다. 어떤 사람은 '그런 걸 내가 왜 봐야 해. 난 관심없다' 고 하는데, 무엇이든 알면 언젠가 쓸모가 있다. 새로운 일을 시작할 때 내 안에 뭔가가 있어야 끄집어내지 아무것도 없으면 할 수가 없지 않은가. 그리고 그때 가서 배우려면 너무 늦다. 그렇기 때문에 평상시에 느끼고 있어야 한다."

이 이야기는 사업을 하면서 산전수전 공중전을 모두 경험한 끝에 재기에 성공한 사업가 이정길 씨의 이야기이다. 그는 두뇌를 어떻게 다루어야 하는지 정확하게 알고 있다. 평소에 차곡차곡 쌓아두어야 한다. 곳간에서 인심이 나오듯이 두뇌에 정보가 차곡차곡 쌓

여 있어야만 새로운 것을 만들어낼 수 있다.

'두뇌는 심연(深淵)이다.' 두뇌는 심연처럼 엄청난 양의 정보를 받아들일 수 있다. 당신이 무슨 일을 하고 있든지 간에 두뇌를 제대로 사용하고 싶다면 우선 두뇌 공장의 설비 증설에 박차를 가해야한다. 공장을 1호 공장, 2호 공장, 3호 공장 순으로 지으려면 엄청난 돈과 시간을 투입해야 한다. 그러나 두뇌는 그럴 필요가 없다. 충분한 정보와 지식은 관심과 호기심이라는 간단한 습관만으로 두뇌 속에 입력할 수 있다.

'인풋 없으면 아웃풋도 없다.'

'뿌리지 않으면 거둘 수 없다.'

두뇌 다루기에서 내가 갖고 있는 믿음이다. 맨 땅에 헤딩할 수 없는 것처럼 머리 속에 아무것도 들어 있지 않은 상태에서 새로운 것을 만들어낼 가능성은 아주 낮다. 그렇기 때문에 두뇌를 제대로 다루려면 다양한 정보와 지식이 원활하게 두뇌 속에 입력될 수 있도록해야 한다. 마치 시험을 앞두고 공부를 벼락치기하면 아무런 효과가 없듯이 한꺼번에 엄청난 자료를 입력할 수는 없다. 따라서 평소

에 부지런히 두뇌 속에 정보를 입력해두어야 한다.

두뇌 공장의 설비 증설은 이처럼 정보를 꾸준히 입력하는 것을 뜻한다. 이때 두뇌는 마치 '정보 저장창고'와 같은 역할을 한다. 그 정보 가운데는 단순한 정보도 있지만, 다양한 일을 경험하는 것도 포함될 것이다.

두뇌는 거의 무한에 가까울 정도로 많은 정보를 입력할 수 있다. 정보의 양이 일정 수준 이상 입력된다고 하여 두뇌에 과부하가 생겨 고장이 나거나 사고가 생기지는 않는다. 이런 점에서 두뇌는 심연과 같은 존재라고 할 수 있다. 상상을 초월할 정도의 거대한 저수지를 생각하면 된다. 자몽 크기의 조그간 두뇌지만 세상의 온갖 정보를 입력할 수 있을 정도로 거대한 저수지와 같은 역할을 한다. 일단 이렇게 입력이 되어 있으면 훗날 특정 목적을 위해 동원될 수 있다. 하지만 정보가 입력되어 있지 않으면 아무런 일도 할 수 없다. 저절로 하늘에서 떨어지는 생산이나 창조란 있을 수 없는 일이다.

정보를 평소에 꾸준하게 두뇌에 쌓아두어라

41 관심과 호기심이 좌우한다

"아이들의 세계는 신선함과 새로움 그리고 아름다움이다. 그들의 세계는 경이로움과 놀라움으로 가득 차 있다. 우리들 대부분이 성인이 되기 전에 이처럼 아름답고 놀라울 정도로 고무적인 본능과 명쾌한 비전이 없어지고 심지어는 사라져 버리는 것은 불행이다."

『침묵의 봄』으로 유명한 작가 레이첼 카슨 여사가 1956년에 펴낸 『경이로움의 감정(The Sense of Wonder)』이라는 책에 나오는 한 대목이다. 이 책은 어린 시절 누구나 품고 있었던 '무언가 새로운 것을 만날 때의 두근거리는 마음'의 소중함을 일깨워준다.

'무언가를 발견할 때의 기쁨' '미지의 세계에 순수하게 감동하는 기분', 즉 'Sense of Wonder'라는 감각을 성인이 된 후에도 유지할 수 있다면, 우리는 세상을 다르게 살아갈 수 있을 것이다.

매일 누구나 다양한 정보를 만난다. 신문, 잡지, 대화, 관찰, 일 등 모든 사물이나 활동은 정보의 소스다. 그런데 그 정보를 '정보 저장창고' 속에 차곡차곡 쌓아가는 사람들이 있는 반면 그렇지 못한 사람들이 있다. 그 차이는 무엇일까?

수없이 많은 정보를 만난다 해도 자신이 '이 정보는 중요하다' '이 정보는 새롭다' '이 정보는 신기하다' '이 정보는 대단하다' 등과 같은 의도적이고 의식적인 판단(judgement)을 하지 않는 한 정보 저장창고 속에 보관될 가능성은 거의 없다. 왜냐하면 두뇌의 어느 한 부분이 그런 판단을 내리고 있음에 틀림이 없기 때문이다. 정보를 솎아내는 필터 기능, 혹은 선별 기능을 담당하는 부위가 두뇌 속의 어느 한 부분을 차지하고 있다는 얘기다.

그러므로 수많은 정보를 접한다 하더라도 판단을 내리는 기능을 적극적이고 주도적으로 작동시키지 않는다면 아무런 소용이 없다. 여기서 정보를 적극적으로 수집하는 사람과 그렇지 않은 사람이 뚜렷하게 나뉜다.

결국 무엇인가 우리에게 특정 정보에 대해서 판단을 내리도록 유도하는 실체가 있다는 것이다. 그것은 무엇일까? 바로 폭넓은 관심과 강한 호기심이다. 두뇌 속에 차근차근 정보를 축적해가는 사람들은 매일매일, 혹은 매 순간을 정보를 찾아내는 과정, 정보를 축적하는 과정, 여기서 한 걸음 더 나아가 학습하는 과정으로 생각한다.

그들은 일상의 삶 속에서 만나는 사물, 현상, 사람 등 모든 것을 그냥 흘려 보내지 않는다.

'신기함'과 '경이로움'이라는 감각을 지니고 살아가는 사람은 언제, 어디서나 젊게 살아가는 사람들이다. 그들은 우선 안색과 눈빛부터 다르다. 폭넓은 관심과 강한 호기심은 사람을 젊게 만드는 힘이 있다. 왜냐하면 그들의 두뇌는 끊임없이 움직이고 있기 때문이다. 끊임없이 새로운 정보를 집어넣는 사람들이기 때문이다.

폭넓은 관심과 강한 호기심을 가져야겠다고 결심하는 것만으로는 충분하지 않다. 그것을 마치 제2의 천성처럼 생활 깊숙이 뿌리내리도록 해야 한다. 언제 어디서나 '일생의 어느 순간도 버릴 만한 하찮은 순간은 없다'는 믿음으로 주위를 둘러 보라.

'어디 배울 만한 것은 없을까?'

'신기한 것은 없을까?'

'대단한 것은 없을까?'

폭넓은 관심과 강한 호기심을 가져라

42 관심의 한계를 넓혀라

한국인치고 대학입시에서 자유로운 사람은 거의 없을 것이다. 대학을 입학하고 난 후에도 취업 걱정에서 벗어날 수 없다. 그래서 학창 시절 이 분야, 저 분야를 마음껏 기웃거려 볼 수 있는 기회가 드물다. 그리고 직장 생활을 시작한 후에는 분주한 생활 때문에 관심 분야는 더욱 좁아진다.

관심 분야가 좁아지면 자연히 안목과 시계가 좁혀진다. 안목과 시계는 비즈니스 기회를 잡는 것이나 미래를 내다보는 일과 연결된다. 그렇지만 우리가 걸어온 과거나 처한 상황을 비난하고 있을 수만은 없다.

새로운 길을 개척해야 한다. 1909년에 태어나서 아직도 왕성하게 활동하고 있는 경영학계의 거장 피터 드러커 교수는 이런 점에서 우리에게 교훈적인 이야기를 전해주고 있다.

그가 관심의 지평을 넓히는 방법을 채택하기 시작한 것은 20대부터다. 드러커는 프랑크푸르트 최대 석간 신문의 기자로 활동하던 때부터 다양한 주제에 대한 글을 쓰기 위하여 광범위한 지식을 섭렵해야 했다. 그는 일과가 끝난 오후부터 밤늦게까지 국제 관계와 국제법, 사회 제도와 법률제도의 역사, 일반 역사, 재무 등 차례차례 각 분야의 공부에 매진하면서 스스로 하나의 시스템을 개발하게 된다.

그가 습관으로 만든 것은 매 3, 4년 주기로 새로운 주제를 섭렵해나가는 시스템이다. 아직도 그는 그 방법을 이용하고 있으며, 통계학, 중세 역사, 일본 미술, 경제학 등 매우 다양한 분야를 섭렵해왔다. 드러커 교수는 3년 정도 공부한다고 해서 그 분야를 완전히 터득할 수는 없지만 그 분야가 어떤 것인지에 대한 이해는 충분히 할 수 있다고 한다. 그런 식으로 그는 60년 이상을 3년에서 4년마다 주제를 바꾸어 공부하면서 자신의 관심영역을 넓혀왔다.

그가 사용하는 방법은 지식도 증대시켜주지만, 새로운 학문과 새 접근방법, 새 연구 방법에 눈을 뜨게 해준다. 이것은 드러커만의 독특한 공부 방식이다.

드러커 교수는 전문적 지식에만 안주하고 싶어하는 사람들에게 이런 이야기를 들려준다.

"오늘날 고등 교육을 받은 젊은이들의 약점 가운데 하나는—기업,

병원, 정부 기관 등 어느 곳에서 일하든지 간에—자신의 전문 분야에 대한 지식에만 만족하고 다른 분야는 경시한다는 점이다.

회계사가 인간관계론에 관해 세부적인 내용을 알 필요는 없을 것이고, 또 엔지니어가 신상품 판매 촉진에 관해 알아야 할 필요도 없을 것이다. 그러나 적어도 그 분야가 어떤 것이며, 왜 필요하며, 무엇을 하려는 분야인가에 대해서는 알아둘 책임이 있다. 우수한 비뇨기과 전문의가 되기 위해서 정신의학에 통달할 필요는 없다. 그러나 정신의학이 무엇인가 정도는 알아두는 것이 좋다. 농수산부에서 일하기 위해 국제 변호사가 될 필요는 없다. 그러나 편협한 농업 정책 때문에 국제적인 피해가 일어나는 일이 없도록 하기 위해서는 국제 정치에 관한 충분한 지식을 갖고 있어야 한다."

드러커 교수의 독특한 방법을 소개하는 데는 충분한 이유가 있다. 즉, 모든 사람이 드러커 방식을 그대로 본받을 필요는 없지만 관심의 영역을 넓혀 가는 데는 드러커 방식이 큰 도움을 주기 때문이다. 예를 들어 신문을 읽는 습관을 살펴 보자. 사람들은 대부분 자신이 습관적으로 즐겨 읽는 신문이나 분야 이외에는 거들떠보지 않는다. 많은 경우 다른 분야를 보는 것을 시간 낭비라고 생각할 것이다. 인터넷도 매일 습관적으로 방문하는 사이트 이외에는 거의 새로운 곳을 찾지 않는다.

만일 우리가 계획적이고 의도적으로 신문의 다른 섹션 기사를 정기적으로 읽는다면 어떤 변화가 일어날까? 다른 섹션을 정기적으로 읽는 것만으로 관심의 영역을 넓힐 수 있다. 그리고 광범위한 정보를 두뇌 속에 축적해갈 수 있다. 경제나 경영 분야만을 읽는 사람이 규칙적으로 정보과학 분야나 국제 부문을 읽는 습관을 가져 보라. 자기 자신의 안목과 시계가 점점 넓어지고 있음을 느낄 것이다. 관심 영역을 넓혀가면서 정보 저장창고를 형형색깔의 다양한 정보로 채워 보라. 새로운 관점, 새로운 기회, 새로운 아이디어를 잡는 계기가 될 것이다. 길은 결코 먼 곳에 있지 않다.

안주하지 말고 관심의 지평을 지속적으로 넓혀 가라

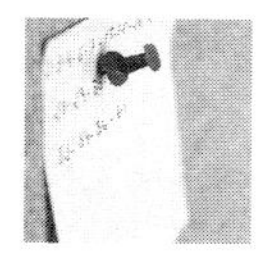

43 메모는 내가 편한 방식으로

당신은 어떻게 정보를 두뇌 속에 입력하는가? 눈, 귀, 코, 혀 그리고 손발 등을 이용해서 정보를 입력하고 있을 것이다. 우리가 흔히 이야기하는 오감(五感), 즉 시각·청각·후각·미각·촉각이 정보를 입력하는 주요한 역할을 하고 있다.

그렇다면 정보를 어떤 순서로 입력하는가? 나는 눈, 손, 귀 순서로 한다. 그러니까 보는 것, 쓰는 것, 듣는 순으로 정보를 입력한다.

1950년 캐나다의 신경외과 의사인 팬필드는 신체의 각 부위를 지배하고 있는 '신경세포의 양'의 비율을 몸의 면적으로 나타낸 그림을 제시하면서 '팬필드의 소인간(humunkurusu)'이라고 이름을 붙인 바 있다. 이 그림을 보면 손이나 혀에 관계된 신경세포가 상당히 많다는 사실을 알게 된다. 특히 손의 세포가 대뇌 전체와 상당히 연결되어 있기 때문에 손이 정보 입력에 압도적인 위치를 차지하고 있음을 알 수 있다.

손을 많이 쓰면 쓸수록 손가락 끝의 풍부한 신경세포가 자극을 받아서 두뇌 기능이 작동한다. 그 결과 두뇌에 있는 신경 세포가 움직이게 된다. 영어 단어를 외울 때 그냥 소리내어 외우기보다는 쓰면서 외우면 효과가 더 있다는 경험을 한 적이 있을 것이다. 이런 사실은 과학적으로도 증명되었다.

정보 입력의 중요한 수단으로 메모하는 습관을 들 수 있다. 메모의 순(順)기능 가운데 하나는 두뇌 속에 정보를 효과적으로 입력할 수 있다는 점이다. 그래서 형식에 상관없이 언제, 어디서나 무조건 메모해야 한다. 생활하면서 좋은 것, 멋진 것, 대단한 것, 신기한 것 등 자신이 필요한 정보라고 판단되면 무조건 메모해야 한다.

그것은 두뇌 속에 그 정보를 강력한 충격과 함께 입력하는 것과 같은 효과를 준다. 그렇지 않고 그냥 눈으로 보고 지나가 버리면 두뇌 속에 입력되어 훗날 활용될 가능성은 낮다.

'메모광(狂)'이라 불릴 정도로 메모하는 것을 즐기는 습관을 가져야 한다. 메모장은 무게가 가볍고 부피가 적은 것을 사용하되 항상 가지고 다닐 수 있어야 한다. 시중에 나와 있는 메모하는 방법을 다룬 책들을 보면서 조금씩 개선해 나가는 것도 좋은 방법이다. 그러나 처음부터 메모를 잘 해야 한다는 부담을 가질 필요는 없다. 메모한다는 그 자체만으로도 상당한 효과가 있기 때문이다. 스스로 메모하는 습관을 체계화할 필요가 있다고 느끼면 그때부터 다른 사람의 경험을 참조해서 조금씩 바꿔도 늦지 않다.

메모할 때는 항상 날짜를 표기해두는 게 좋다. 그리고 문장만 사용하지 말고 각종 이미지들을 첨가하면 한층 좋은 효과를 거둘 수 있다. 그림 반, 글 반도 괜찮다. 메모장이 완성되면 몇 년 몇 월부터 시작해서 몇 년 몇 월까지라는 표시를 붙여서 보관하면 매우 효과적이다.

메모를 마친 다음 훗날 메모장의 자료를 충분히 활용하지 못한다고 해서 후회할 필요는 없다. 메모하는 습관이 가져다주는 정보 입력 기능만으로도 절반의 성공을 거둔 셈이기 때문이다.

언제 어디서나 메모하는 행위 그 자체를 즐겨라

44   나만의 데이터베이스

우리의 삶은 점점 더 '스크린 위의 삶'으로 변화하고 있다. 월드와이드웹(www.)은 '인류역사 제2부의 개막'이라고 할 수 있을 정도다. 이 새로운 현상은 인간이 수만 년 동안 머물러 왔던 물리적 현실이 더 이상 인간의 유일한 존재 공간이 아님을 의미한다.

의식적이든 무의식적이든 사람들은 외부의 물리적 세계에서 보내는 시간을 줄여가고 있다. 많은 시간을 불확실한 가상의 세계에서 보내고 있는 것이다. 특히 지식근로자들은 물리적 세계보다 비물리적 가상의 세계에서 더 많은 시간을 활동하고 있다.

몇 년 사이에 여러분의 생활에서 일어난 변화를 보면 쉽게 이해할 수 있을 것이다. 나의 경우 눈을 뜨자마자 곧바로 온라인상에서의 생활이 시작된다. 이따금 물리적 세계와 비물리적 세계 사이를 오락가락하는 내 모습이 생소하게 느껴질 때도 있다. 하지만 거의 대부분의 시간을 스크린 위에 있는 상태를 유지한다.

앞으로 이런 변화 추세는 더욱 힘을 받을 전망이다. 웹이 생활 속으로 깊숙이 들어오면서 전혀 예상하지 못하였던 새로운 현상이 출현하고 있다. 따라서 현 과제는 스크린 위에서 만나는 정보를 '어떻게 두뇌 속에 입력할 것인가?' 그리고 '그것을 어떻게 활용할 것인가?'이다.

물리적 세계에서 얻은 정보를 입력하려면 메모를 충분히 활용하면 된다. 그것은 수십 년, 수백 년 동안 변함없이 내려온 정보 입력에 필요한 강력한 도구다. 그런데 비물리적 세계에서 만나는 정보를 어떻게 입력할 것인가는 새로운 도전과제임에 틀림이 없다.

여러분은 즐겨 찾는 웹을 항해하다가 어느 한 정보를 발견하였을 때 그 정보를 어떻게 처리하는가? 우리의 '워킹 메모리'는 무척 제한되어 있기 때문에 어느 귀한 정보를 발견하였을 때, '괜찮다'는 정도로 인지하는 것은 좋은 방법이 아니다. 왜냐하면 훗날 기억해 내거나 이용할 수 있는 정보의 양이 아주 제한적이기 때문이다.

마치 우리가 오프라인상에서 정보를 메모로 처리하듯이 온라인상에서의 정보를 개인 컴퓨터의 어느 공간에 차곡차곡 정리해두어야 한다. 그러니까 메모가 체계적으로 정보를 두뇌에 입력하는 방법이라면, 자신만의 데이터베이스를 만드는 방법은 오프라인상에서 메모에 필적할 정도로 강력한 정보 입력 수단이라고 할 수 있다.

웹상에 흩어져 있는 엄청난 정보들이 있는데 굳이 개인 데이터베이스를 만들 필요가 있느냐고 묻는 사람들도 있다. 그러나 나의 경험으로 미루어 볼 때 아무리 정보가 많다고 해도 자신의 것으로 만들지 않으면 전혀 의미가 없다. 그러므로 일단 시각을 통해서 스크린 과정을 거쳐야 하고 시각을 통과한 특정 정보가 두뇌에서 '의미가 있다' 혹은 '중요하다'는 판단 과정을 거쳐야 한다. 이런 단계에서 그 정보는 일단 고급 정보로서 당신의 워킹 메모리에 하루 혹은 이틀 정도 머물 수 있는 자격을 얻는 셈이다. 그러나 추가적인 조치가 없다면 그것으로 끝나고 만다.

워킹 메모리에 저장된 정보는 두뇌 속의 하드디스크로 옮겨야 한다. 두뇌의 하드디스크 기능을 거의 대부분 대체할 수 있는 것이 컴퓨터의 저장 기능이다. 개인용 컴퓨터 내에 데이터베이스를 만들어서 정보를 체계화함으로써 언제, 어디서나 요긴하게 사용할 수 있는 정보를 확보한 셈이다.

대개 사람이 정보를 기억해내는 방법은 날짜 순서 혹은 타이틀만으로 충분하다. 때문에 개인용 PC 내부에 몇 개의 분류 체계, 이를 테면 3~5개로 분류를 해놓는다. 그리고 눈을 통과하는 모든 정보는 일단 '보관할 만한 가치가 있는가, 아닌가?' 판단하여 주제별로 차곡차곡 보관하는 것이다.

온라인상에서 만나는 정보를 데이터베이스화하는 작업은 메모의 중요성 못지 않게 중요하다. 왜냐하면 우리의 삶은 점점 더 스크린 위의 삶으로 통합되어 갈 것이기 때문이다.

새로운 환경이 조성되면 익숙하지 않아도 새로운 방법을 익혀야 한다. 그 가운데 하나가 개인용 데이터베이스를 관리하는 습관이다.

온라인상의 의미 있는 정보를 데이터베이스(D3)화하라

45　　나를 찾아 떠나는 웹서핑

무슨 일이든 평소에 시간을 들여서 꾸준히 투자해야 한다. 왜냐하면 지식이 돈이 되는 세상에서 정보는 돈을 버는 지름길을 제공하기 때문이다.

가끔 나는 "아이디어가 떠오르지 않는데요?"라고 말하는 사람들을 만난다. 그때마다 나는 '이용할 만한 정보가 축적되어 있지 않은데, 무슨 아이디어가 떠오른단 말인가?'라는 생각을 혼자서 하게 된다.

요즘은 발 품을 팔면서 물리적 공간을 분주하게 오가지 않아도 웹을 통해 엄청난 양의 정보를 접할 수 있다. 지금 이 순간에도 쉼 없이 정보가 쏟아져 나오고 있다. 따라서 거대한 새로운 정보의 보고(寶庫)를 제대로 이용할 수 있어야 한다. 우리 자신을 '정보사냥꾼(information hunter)'이라고 생각하자. 즉, 정보를 사냥하는 사람의 시각과 자세를 갖고 웹을 돌아다녀 보는 것이다. 그러면 이곳저곳에서 귀한 정보를 듬뿍 찾을 수 있을 것이다. 문제 의식을 갖지 않고 다니면 어떤 정보도 구할 수 없다. 항상 '귀한 정보를 구하는 사람'이라는 의식을 갖고 웹을 돌아다니면 가치 있는 정보를 구할 수 있다.

누구나 물리적으로 똑같은 하루를 지낸다. 하지만 투자를 하는 하루, 자산을 만들어 가는 하루를 살아가는 사람들이 있는가 하면 그냥 하루하루를 단절된 하루, 그러니까 소비하는 하루 혹은 낭비하는 하루를 살아가는 사람들도 있다. 그런 차이는 정보를 대하는 사람들의 자세나 마인드에 따라 달라진다. 중요한 것은 정보의 변별력을 키우는 것이다. 이것은 하루아침에 그냥 이루어지지 않는다. 이런 정보, 저런 정보를 모으고 사용하는 과정에서 조금씩 정보를 변별하는 나름대로의 능력이 쌓인다.

스스로 정보사냥꾼이 되기로 결심한 사람들에게 한 가지 권하고 싶은 습관이 있다. 이 방법을 사용하면 생활의 활력도 얻을 수 있을 것이다. 우선 한번도 여행해보지 않는 곳을 방문하는 일이다. 왠지 생활이 시들해지고 무기력함을 느낄 때나 혹은 이따금 짬을 낼 수 있다면, 웹을 통해서 처녀지를 방문하는 것이다. 그리고 그곳에서 정보를 사냥하는 것이다. 물리적 공간에서의 여행은 비용과 시간이 많이 든다. 그러나 웹에서의 처녀지 여행은 비용이 거의 들지 않는다.

검색 기능들, 이를테면 구글(www.google.co.kr)이나 엠파스, 네이버 등을 이용해서 키워드 색인을 해보자. 혁신(innovation), 창조(creativity), 발명(invention) 등과 같이 여러분이 좋아하거나 흥미 있는 단어를 입력해보라. 수많은 정보가 떠오를 것이다. 떠오른 정보들을 하나하나 확인해보자. '세상은 정말 할 일이 많은 곳이구나'라는 생각을 하게 될 것이다. '세상에는 정말 신기한 것들이 많구나'라는 생각도 떠오를 것이다. 물론 여러분의 안목과 시계가 넓혀지는 것을 느낄 수 있을 것이다. 스스로 지적 자극과 호기심을 부추기면서 정보를 입력할 수 있는 값싼 방법 가운데 하나다.

틈만 나면 웹으로 여행을 떠나자. 이때 주의해야 할 것은 시간이 빠르게 흘러가기 때문에 시작 시간을 확인하고 마무리하는 시간을 정해두고 여행하는 것이 좋다.

정보사냥꾼이 돼라

 두뇌가동률을 높여라

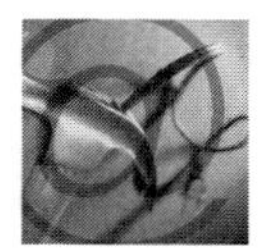

46 이메일 최대로 활용하기

정보 검색과 이메일 기능을 조합하여 정보 입력을 원활히 전개한다.

"웹 사용자 가운데 거의 90%가 뉴스와 정보를 얻기 위해 온라인을 사용하고 있다."

미국 상무성이 펴낸 『디지털 경제보고서』에 나오는 구절이다. 한편 언스트앤드 영 사의 자체 조사에 따르면 사람들이 온라인에서 즐겨하는 일은 소프트웨어 다운로드, 이메일, 컴퓨터 게임, 뉴스 그리고 홈뱅킹 순서라고 한다. 당신은 어떤 기능을 즐겨 사용하는가? 아마도 뉴스나 정보찾기, 이메일 그리고 관련 자료 찾기 등이 상위를 차지하고 있을 것이다.

사람의 기호에 따라 조금씩 차이가 있겠지만 인터넷을 적극적으로 사용하는 사람들은 정보를 적극적으로 추구하는 사람들일 가능성이 높다. 만일 뉴스를 보거나 정보를 얻는 활동과 이메일을 적절히 조합한다면, 비용을 거의 들이지 않고서도 훌륭한 개인용 데이터 베이스를 구축할 수 있다.

그렇다면 개인용 데이터 베이스를 구축하는 방법은 무엇인가? 우선 헤드 타이틀을 보고 정보를 판단한다. 포착한 정보의 내용을 처음부터 끝까지 찬찬히 읽을 필요는 없다. 대략 위에서 아래까지 훑어본다.

누구든지 과거와 비교할 수 없을 정도로 많은 정보에 노출되기 때문에 정보를 전부 착실히 읽어나가는 방법은 효과적이지 않다. '대충 위아래를 훑는다'는 표현이 맞다. 그렇지 않으면 시간 낭비라고 해도 과언이 아니다. 게다가 착실하게 전부 읽어야 할 만큼 가치가 있는 정보도 드물다. 우리가 늘 염두에 두어야 할 것은 투입 대비 산출을 최고로 높여야 한다는 점이다. 주제를 본 다음 선택한 모든 정보를 찬찬히 읽는 것은 이런 기본 원칙에 위반된다.

그 다음 선택한 정보를 대충 읽어가면서 정보의 핵심 포인트를 잡아내는 요령을 익혀야 한다. 무엇보다 각 정보의 타이틀을 보고 일차적으로 정보의 가치를 판단하고, 그 다음 대충 읽으면서 정보를 보관할 것인가 결정해야 한다. 즉, 정보를 얼마나 빠른 시간 안에 변별해서 버릴 것인가, 아니면 보관할 것인가를 결정해야 하는 것이다.

이 능력도 여러 번 반복해야 익숙해진다. 처음부터 신속하게 정보를 변별하고 그것을 보관할 수 있는 것은 아니다. 결국 정보를 포착하고 변별한 다음, 그것을 데이터 베이스화하면서 두뇌에 입력하는 과정 그 자체를 '얼마나 신속하게 할 수 있는가?'는 당신의 경쟁력 가운데 하나라고 할 수 있다.

그 다음에는 이 메일을 적극적으로 활용해브라. 보관하고 싶은 정보를 복사해서 수신자를 자기 자신으로 하고 이메일을 보낸다. 우리가 매일매일 여러 통의 메일을 받고 그것을 보관하고 삭제하는 과정을 거치는 것처럼 자신에게 보낸 이메일을 분류 체계에 맞춰 분류하는 일도 중요하다.

누구나 가장 잘 이용하고 있는 이메일 기능을 정보 입력 과정에 적극적으로 활용할 필요가 있다. 매일 매일, 매 순간 순간의 삶이 곧바로 투자활동으로 연결된다. 스크린 위에 머무는 순간은 어느 것도 버릴 수 없는 순간들이다. 왜냐하면 한 순간 순간이 미래를 위한 투자 활동으로 연결되기 때문이다. 이런 단순한 활동을 처음 시작할 때는 뭐 그렇게 대단할까라고 생각할 수 있다. 그러나 이런 활동

이 완전히 생활의 일부분으로 자리를 잡으면 막강한 힘을 소유하
게 된다. 원할 때마다 두뇌를 가동시킬 수 있는 준비를 마무리하는
것이기 때문이다.

이메일을 정보 입력 수단으로 활용하라

47 눈 도 장 을 찍 어 라

'눈 도장을 찍다.'

상대방이 자신을 오랫동안 기억할 수 있도록 강렬한 인상을 심어 주는 것을 표현한 말이다. 두뇌 속에 정보를 효과적으로 입력하고자 한다면 '눈도장'이라는 단어에 관심을 기울일 필요가 있다.

'뇌리에 각인(刻印)하다.'

각인은 도장을 새긴다는 뜻이다. 도장을 새기듯이 두뇌 속에 정보를 강하게 축적해둔다는 뜻으로 이해하면 된다. 두 가지 모두 두뇌의 정보 입력 과정에 주는 교훈이 크다.

어떤 정보를 접했을 때 무심코 넘어가 버리면 훗날 그 정보를 다시 사용할 수 있는 가능성은 낮다. 책을 예로 들어보자. 도서관에서 빌린 책은 어쩔 수 없다 하더라도 자기 책이라면 그냥 얌전하게 읽어 나가면 안 된다. 책을 읽어 가는 과정도 정보를 입력하는 과정이다. 물론 책 내용을 모두 두뇌 속에 입력할 수도 없지만, 그렇게 할 필요도 없다. 책 내용 가운데 입력할 만한 가치가 있는 정보라고 판별하면, 그 다음 과정은 짧은 순간이라도 '눈 도장'을 찍는 과정이 필요하다. 의도적으로 눈도장을 '꽉' 찍어 두어야 한다. 눈도장이란 타인을 향해서가 아니라 자기 자신의 두뇌를 상대로 하는 것이다.

색깔 있는 펜을 사용할 수도 있고, 다양한 모양의 도형을 사용해서 중요도에 따라 표기를 달리할 수도 있다. 특별한 경우에는 특정 단어나 특정 부위에 동그라미를 치는 일 등 여러 가지 방법을 사용할 수 있다. 책을 읽으면서 중요한 부분에 줄을 치고, 도형으로 표기하고, 강조 부분을 도형으로 표기하는 것은 메모의 기능과 비슷하다.

책뿐만 아니라 주위에서 관찰하는 특정 사물이나 현상을 두뇌 속에 입력하고 싶을 때도 메모해두는 것이 좋다. 그러나 모든 것을 메모할 수는 없다. 이런 경우 단 몇 초 정도 아주 짧은 순간 입력하고 싶은 사물이나 현상을 골똘히 바라보거나 생각하는 게 도움이 된다. 다시 말해 그냥 스쳐 지나가는 것이 아니라 짧은 순간이라도 골똘히 집중하는 습관을 가져 관심있는 정보를 각인시키는 과정이 효과적이다.

의미 있는 정보는 반드시 두뇌에 각인하는 과정을 거쳐라

48 불평불만 리스트를 작성한다

'찰칵 찰칵 사진을 찍는다.'

사진기를 들고 있는 자신의 모습을 머리 속에 그려보자. 여러분은 놓치기 어려운 장면만을 사진기에 담고 있을 것이다. 하지만 숱한 삶의 길목에서 우리는 아주 습관적으로, 무의식적으로 놓치기 어려운 장면을 지나쳐 버린다. 하루하루, 순간순간 멋진 장면을 찾아서 사진기를 들고 헤매는 사람처럼 살아가는 습관을 들여보자. 그리고 몇 가지 습관적인 질문들이 인도하는 개선과 결정 포인트를 찾아내야 한다.

"왜, 이렇게 불편하게 만들었을까?"

"왜, 안 되는 것일까?"

"이렇게밖에 만들 수 없나?"

"나라면 이렇게 할 텐데."

이와 같은 질문과 함께 주변의 사물이나 현상을 바라보는 습관을 들여보자. 건설적인 불평과 불만을 갖고 주변을 바라보자. 이런 질문들을 던지면서 사물이나 현상을 바라보기 시작하면, 얼마 가지

않아서 정말로 자신이 마음의 문을 걸어 잠그고 오랫동안 살아왔음을 깨치게 될 것이다.

일상의 경험도 좋고 새로운 경험도 괜찮다. 질문과 함께 신중하게 주변에 주의를 기울여 보자. 질문들에 걸려드는 장면들을 놓쳐서는 안 된다. 장면에 유심히 주목하는 것만으로 정보를 입력하는 효과를 거둘 수 있다. 그러나 두뇌의 워킹 메모리를 크게 신뢰할 수 없는 사람들이라면 '개선 리스트' 혹은 '결점 리스트'라는 조그만 노트를 항상 갖고 다니면서 하나하나 정리해 나가도록 한다.

몇 년 몇 월 몇 일, 어떤 장소에서 몇 시라고 기록을 한다. 반드시 이런 사전 정보를 입력해두는 것이 좋다. 훗날 그 장면을 떠올리는 데 큰 도움이 되기 때문이다. 그 다음 개선해야 할 점이나 결정해야 하는 것 등을 하나하나 정리해 나간다.

시간이 가면서 차곡차곡 쌓이는 개선점들은 훗날 두뇌가 추가적인 해법을 만들어낼 수 있도록 동기를 부여할 수 있을 것이다. 끊임없이 문제 해결 거리를 제공해주어야 두뇌도 움직인다. 그러므로 개선 리스트(혹은 결점 리스트)를 적는 것은 정보를 입력하는 방법도

되지만 두뇌를 예리하게 다듬는 데도 매우 효과가 크다.

그렇다고 해서 아주 특별한 장면만 적어둘 필요는 없다. 나의 개선 리스트에는 정말 사소한 것들도 꽤 들어 있다. 화장실 세면대 윗부분에 각도를 제대로 정하지 못해서 물이 늘 차여 있는 문제, 문을 열고 닫으면서 느끼는 동선과 연결된 문제, 자동차 내부의 섬세하지 못한 이음매 문제, 설령 타인의 눈에 사소하게 보이는 것이라 하더라도 나는 '찰칵' 찍어둔다.

스물여섯 살의 청년 페리 클레반(Perry Klebahn)이 스키장에서 경험한 일이다. 발목을 삐어서 스키를 탈 수 없자 그는 눈신을 신고 스키장에서 산책을 한다. 처음 신은 눈신은 '영, 아니올시다'였다. 무려 4킬로그램 이상이나 되는 눈신은 너무 불편했다.

'이렇게밖에 만들 수 없나?'

클레반은 이런 불편함을 그냥 흘려 보내지 않고 '찰칵' 사진을 찍어둔다. 그는 그 불편함을 개선할 수 있는 방법을 스탠포드 대학의 대학원 졸업 논문을 마련하는 과정에서 찾아낸다. 1990년 학생 신분으로 눈신을 만든 회사가 바로 애틀러스(Atlas Snow-Shoe

Company) 사다. 눈신의 무게를 70퍼센트나 줄이고 어떤 벌판이든 신고 다니기 편하게 제품을 만들어낸다. 그야말로 불편함과 개선점에 주목한 끝에 인생 역전의 대드라마를 만들어내는 주인공이 된다.

이를 두고 IDEA 사의 최고경영자인 톰 켈리는 이렇게 충고한다.

"주위를 살펴 보라. 숱한 기업이 귀찮은 일상적인 일로 사람들이 허우적거리는 것을 관찰하면서, 그 문제를 어떻게 해결할까 궁리하고 있다. 이런 기회는 바로 당신에게도 있다는 걸 잊지 마라."

건설적인 불만을 갖고 개선리스트를 기록하라

 두뇌가동률을 높여라

49 　　내가 좋아하면 뇌도 좋아한다

"다른 사람들처럼 무슨 특별한 꿈이나 야망이 있었던 것은 아닙니다. 그냥 책 읽는 것이 좋고, 영화 보는 것이 좋아서 하다 보니까 여기까지 오게 되었지요."

영화 후반 작업으로 최고의 위치에 선 B씨와 나눈 대화 한 토막이다. 그는 그 분야에서 자타가 인정하는 인물이 되었다. 그가 털어놓은 성공 비결은 의외로 간단하다. '좋아하는 일을 하다 보니까 명성도 얻고 돈도 벌 수 있게 되었다'는 것이다.

'좋아하는 일을 해야 한다.'

누구나 바라는 바지만 그렇게 쉽지만은 않다. 좋아하는 일을 하고 있으면 경험하고 알아 가는 것들이 빠른 속도로 두뇌에 입력된다. 물론 입력되는 정보의 양도 방대해진다.

자기가 하는 일을 지겨워하면 오랜 세월 같은 일을 하더라도 별로 쌓이는 것이 없다. 그래서 직장 생활이란 햇수가 중요하지 않다. 몇 년 근속이라는 것이 이제 과거처럼 중요한 것이 아니라는 점이다. 어떤 사람은 짧은 기간이라도 폭발적으로 그 분야와 관련된 정보

를 축적해 나간다. 그런데 주변에는 그렇지 않은 사람들이 대부분이다.

왜, 이처럼 차이가 나는 걸까? 개선 방법은 없을까? 두뇌의 기능을 잠시 살펴보자. 우리 두뇌 속에는 새끼손가락만한 크기의 '기억 제조공장'인 해마(Hippocampus)가 있다. 해마는 정보를 기억할 필요가 있는가 아닌가를 판별하는 곳이다.

어느 병원에서 간질병 환자의 측두엽과 해마를 잘라내는 수술을 행하였는데 환자가 새로운 것을 학습하거나 기억할 수 없는 증상을 보였다고 한다. 과거의 사건과 내용은 기억하지만 새로 접하는 정보를 전혀 기억해내지 못하게 된 것이다.

그래서 전문가들은 해마와 측두엽의 기능 장애는 단기기억이 장기기억으로 전환되는 것을 방해한다고 말한다. 해마와 측두엽 부분은 단기기억을 장기기억으로 전환하는 대뇌회로의 일부분일 것으로 추측하고 있다. 어떤 정보가 장기 기억화할 수 있느냐는 결국 해마의 처분에 달려 있다.

세계적인 학술지 〈뉴론〉에 한국과학기술원의 신희섭 박사의 논문

이 실렸다. 그의 연구는 해마 속에서 학습과 기억 능력을 조절하는 신경세포 유전자 가운데 하나인 나트륨·칼슘교환체(NCX-2)가 기억과 학습에 큰 영향을 미친다는 내용을 담고 있다.

뇌의 한 부분인 해마에서 학습 또는 기억 현상이 일어나면, 특정 신경세포가 활성화하면서 신경과 신경간 전기적 신호 전달통로인 신경시냅스의 기능이 강화된다. 그리고 이때 신경세포 속 칼슘의 농도가 높아진다. 이후 칼슘의 농도는 점차 약해지면서 기억과 학습력도 감소한다. 따라서 신경세포 속 칼슘의 농도를 적정 수준에서 유지시키면 기억과 학습력을 강화할 수 있다.

신 박사가 NCX-2라는 유전자를 제거한 생쥐를 대상으로 실험한 결과, 이들 쥐의 학습력과 기억이 보통 쥐보다 배 이상 향상되었다는 결과를 알 수 있었다. 그 이유는 NCX-2가 신경세포 속 칼슘을 세포 밖으로 퍼내는 기능을 하기 때문이다. 요컨대 유전자 NCX-2가 칼슘 농도에 좌우되는 해마 신경세포의 장기시냅스강화(LTP) 조절에 중요한 역할을 하며 이 역할이 학습, 기억 형성에 핵심적인 요소임을 증명한다는 사실을 밝힌 셈이다.

그의 연구는 앞으로 NCX-2 유전자의 기능을 억제하는 약물을 개발할 경우 학습력과 기억력을 향상시킬 수 있음을 시사하고 있다.

그러나 약물을 사용하지 않고 기억할 수 있는 좋은 방법은 없는 걸까? 두뇌는 좋아하는 감정이 개입되면 기억을 잘 한다. 만일 두뇌에 입력되는 정보가 좋아하는 것과 관련된 정보라면, 그만큼 두뇌에 장기 기억으로 입력될 가능성이 높다.

그래서 우리가 무슨 일을 할 때 무서운 것은 권태로움이다. 권태로움을 제대로 조절하지 못하면 크게 낭패하기 쉽다. 멋지게 살려면 권태로움이 생겨나지 않도록 해야 한다. 설령 권태로움이 생겨나더라도 짧은 시간 안에 무찌를 수 있는 비법을 갖고 있어야 한다.

왜, 권태로움이 무서운가? 두뇌의 장기 편도체와 해마의 기능을 잘 이해하면 궁금증이 사라질 것이다. 해마가 어느 한 정보를 장기 기억으로 전환할 것인가 말 것인가를 결정하는 데 큰 영향을 미치는 것이 바로 편도체이다. 편도체는 사람의 감성을 조절하는 기능을 맡고 있다.

편도체가 좋아하는 정보와 그렇지 않은 정보에 대해 해마는 차별

적인 대우를 한다. 유쾌하고 즐거운 정보나 생존에 절박한 정보일수록 그만큼 두뇌 속에 입력될 가능성이 높은 것이다. 요컨대 해마는 편도체 감정을 참조하면서 정보를 취사 선택하는 것이다.

대체로 성공적인 삶을 살아가는 사람들을 살펴보면 어떤 분야에서건 자신이 하는 일을 좋아한다는 것을 알 수 있다. 주변에서 관찰할 수 있는 경험적인 사실들은 좋아하는 일일수록 기억할 가능성이 높다는 것을 증명해주고도 남는다. 그러므로 자신이 다루고 있는 대상을 좋아해야 한다. 어떤 대상을 좋아할수록, 재미있어 할수록, 사랑할수록 더욱 효과적으로 두뇌에 정보를 입력할 수 있다.

대상을 좋아할 수 있도록 가능한 한 노력하라

50　　스 폰 지　인 간 이　돼 라

시세이도 회장을 지냈던 후쿠하라 요시하루 씨가 1960년대 후반에 뉴욕에 주재하였을 때의 일이다.

지금도 비슷하겠지만, 해외주재원의 중요한 업무 가운데 하나가 본사에서 오는 손님들의 가이드 역할을 하는 것이다. 그도 몇 번인가 가이드 역할을 하면서 한 가지 재미있는 사실을 알아차렸다. 항상 같은 코스를 도는데도 사람에 따라 반응이 천양지차(天壤之差)였던 것이다.

"과연 뉴욕이군. 도쿄보다 훨씬 깨끗하고 배울 점이 많군."

이런 사람이 있는가 하면 "기대했는데 생각보다 지저분하군. 조금도 배울 게 없어." 이렇게 말하는 사람도 있었다.

서클라인 보트를 타고 허드슨 강을 돌면서 맨해튼 섬을 바로 옆에서 보고 있노라면 마을이 바둑판처럼 되어 저쪽 끝까지 보인다고 아주 기뻐하는 사람이 있는가 하면, 사람들이 모두 불친절하다거나 뉴욕만큼 소매치기나 도둑이 많은 도시는 없을 거라고 일정이 끝날 때까지 화만 내는 사람도 있었다. 칭찬하거나 헐뜯는 내용도

건축물이나 도시계획, 치안, 사회질서 등 사람마다 달랐다.

후쿠하라 씨는 왜, 사람마다 이렇게 차이가 나는 것일까 생각을 하다가 어느 순간 이런 결론에 도달했다고 한다.

"그 사람이 보고 있는 것은 다름 아닌 자신의 내면 풍경이다. 즉, 같은 것을 보더라도 견문이나 지식을 탐욕스럽게 갈망하는 사람에게는 충분한 정보가 계속 주어지는 데 반해서, 스스로 추구하는 바가 없는 사람에게는 아무것도 얻을 것이 없는 것이다."

우리는 언제, 어디서든 두 유형의 사람을 만날 수 있다. 자신을 오픈 시스템으로 운영하는 사람이 있는 반면 또 다른 경우는 스스로를 폐쇄 시스템으로 운영하는 사람들이 있다.

당신은 어떤 유형의 사람인가? 자신을 '스폰지 인간'으로 규정하고 생활하면 어떨까? 당장 필요하지 않더라도, 언젠가 입력하는 정보들이 어느 순간 사용될 수 있다는 믿음을 갖는 사람이 스폰지 인간이다. 이들은 다양한 정보와 지식을 탐욕스럽다고 할 정도로 빨아들이지만 스폰지 같은 유연함을 가지고 있다.

한번은 어떤 사람이 토머스 에디슨에게 수많은 특허를 가진 발명

의 천재라고 추켜 세웠다. 그러자 에디슨은 대수롭지 않은 듯 이렇게 대답하였다.

"나는 별로 대단한 발명가가 아닙니다. 내가 완전히 독창적으로 발명한 것이 있다면 축음기 정도겠지요."

"도무지 무슨 말씀인지 모르겠습니다."

"나는 아주 품질 좋은 스폰지라고 생각합니다. 가능한 한 많은 자료를 빨아들여서 (스폰지가 물을 빨아들이듯) 실용적인 것으로 바꿉니다. 그리고 계속해서 개선을 해 나갑니다. 내 아이디어는 사실 다른 사람들이 이미 생각했던 것입니다만, 그 사람들이 더 이상 발전시키지 않은 것들입니다."

이처럼 우리가 교육을 받거나 경험한다는 것은 무엇인가를 빨아들이는 스폰지와 같은 것이다. 물론 빨아들인 다음 내버려둔다면, 그 상태 그대로 멈춰 있거나 썩고 말 것이다. 그럼에도 불구하고 우선은 빨아들이는 일이 중요하다. 입력 정보가 많으면 많을수록 생각의 범위도 넓어지고 창조나 개선이 일어날 가능성이 높기 때문이다.

스폰지형 인간은 습관에서 나온다. 언제 어디서나 정보를 찾고 입

력하는 습관을 몸에 익히고 나면, 스스로도 놀라울 정도로 사람이 변화한다. 항상 깨어 있는 사람들에게는 기회의 문도 열리게 마련이다.

여러분은 입력된 정보가 돌아서자마자 이용되는 경험을 한 적이 있는가? 그런 실용적인 이득을 체득한 사람이라면 스폰지형 인간은 단순히 '좋다'는 선호의 정도가 아니라 '필수적이다' 는 평가를 내릴 것이다.

선입관 없이 모든 정보를 흡수하라

 당신만의 비결을 기대하며

10월이 저물어 가던 어느 날, 책 표지에 들어갈 사진을 몇 컷 찍기 위해 잠시 들른 스튜디오에서 내 책을 디자인해온 북 디자이너를 만났다. 그녀는 나에게 이렇게 물었다.

"두렵지 않으세요? 저는 나이가 들면서, 계속해서 따끈따끈한 아이디어가 나올지 벌써부터 걱정이거든요. 사실 예전에 북 디자인을 했던 많은 분들이 나이와 함께 무대에서 사라졌거든요."

나는 단호한 어조로 이렇게 대답하였다.

"전혀 그렇지 않습니다. 제가 제 두뇌를 사용하면서 점점 발견한 사실은 정말로 두뇌는 사용하면 할수록 좋아진다는 점입니다. 물론 앞으로 어느 수준까지 발달시킬 수 있을지는 모르겠습니다. 하지만 비즈니스와 관련된 경우, 틀림없습니다."

그러고 나서 나는 그녀에게 몇 가지 당부를 하였다.

"고정관념을 깨는 것이 중요합니다. 나이가 들면 두뇌를 비롯해서 모든 면이 젊은 날에 비해서 떨어질 수밖에 없다는 고정관념 말입니다. 그리고 우선 자신을 믿어야 합니다. 끊임없이 배우고 읽고 관

찰하고 혁신할 수 있다는 자신에 대한 믿음 말입니다. 그런 의지만 굳세다면 언제나 혁신적인 일들을 해 나갈 수 있습니다. 그때 두뇌는 나날이 창조의 산실(産室)로 탈바꿈할 것입니다.”

여러분 가운데는 '정말 그럴까?' 라고 생각하는 분들도 있을 것이다. 그런 분들을 위해 몇 가지 당부를 하고 싶다. 우선 책을 한번 죽 읽고 난 다음 바로 덮지 않는 것이 중요하다. 대부분 책을 다 읽고 나면 바로 책꽂이에 꽂아놓고 더 이상 꺼내 보지 않는다. 그런 경우 어느 정도 도움은 조금 되겠지만, 큰 기대를 할 수 없다. 즉, 투자수익률이 무척 낮은 책 읽기가 되는 것이다. 세상을 살면서 그렇게 쉽게 남이 쌓아둔 수십 년의 노하우를 배울 수 있다면, 성공 못할 사람이 누가 있겠는가?

당장 이 책에 적용해보자. 이왕 이 책의 에필로그까지 읽었으니, 철저히 파고들어서 자신만의 고유한 방법을 찾아내야 한다. 무슨 일이든 일단 시작하면 끝을 깔끔하게 마무리해야 한다. 그래서 목차를 다시 한 번 훑어보라고 권하고 싶다. 목차를 보면 50가지 가운

데서 자신이 이미 실천하고 있는 습관이 있을 것이다. 이것을 찾아서 ×표시를 해보자. 그리고 ×표시가 안 되어 있는 부분을 찬찬히 한번 더 읽어 보자.

그 다음 흰 백지를 한 장 준비한다. 만약 여러분이 두뇌가동률을 올리는 책임을 맡은 사람이라면 가장 먼저 공략해야 할 부분이 무엇인지를 생각해보자. 몇 번 목차를 훑어보면서 가장 도입하고 싶은 것을 순서대로 번호를 달아 보자. 어느 게 먼저인지 망설이는 순간도 있지만, 그런 경험들이 모두 도움이 된다.

한꺼번에 모든 것을 다 실천에 옮길 수는 없다. 목표를 성취하기 위해 우리에게 필요한 일은 언제, 어디서나 우선 순위를 정하고, 그에 따라서 실천에 옮기는 일이다. 흰 백지 위에 가장 먼저 실천에 옮겨야 한다고 생각하는 것을 다섯 가지만 골라 적어 보라. 그 다음에 중요한 방법을 다섯 가지 더 추가해서 골라 보라.

그리고 휴대하기 좋은 작은 메모 카드 한 장을 준비하여 또박또박 10개의 두뇌 활용법을 순서대로 깔끔하게 적어 보라. 적을 때는 왼쪽에 바짝 당겨서 쓰고, 오른쪽에 약간의 여백을 두는 것이 좋다.

그 다음 그것을 항상 가지고 다녀라. 틈틈이 읽으면서 그 의미를 새겨 보라. 그리고 하루를 마감하는 저녁이 되건 오른쪽 여백에 하루에 한 번씩 체크하라. 바를 정(正)자를 사용하면 좁은 공간에 5일간을 체크할 수 있다. 만약 한 달 정도를 계획하면 6개의 바를 정자가 오른쪽 여백을 채울 것이다. 한 달 정도 계혹을 세워 두뇌활용법이 습관화되도록 노력해보라. 최소한 한 달 정드 반복할 수 있으면 자신의 습관이 될 수 있을 것이다.

작업을 이것으로 끝낼 필요는 없다. 그 다음에는 스스로 두뇌가동률을 높이는 책을 쓰는 작가가 된다고 상상해보는 것이다. 여러분의 두뇌가 어떤 상황, 어떤 장소, 어떤 시간에서 상대적으로 가동률이 높아지는지를 세밀히 관찰해보라. 아주 세밀히 호기심을 갖고 자신을 객관적으로 지켜볼 수 있을 때 찾아낼 수 있다. 여기서 발견한 사실들을 노트나 컴퓨터에 파일을 만들어서 메모 형식으로 남기는 것이 좋다. 내용과 함께 날짜와 시간 그리고 기타 관련된 느낌 등을 함께 기록해두면 도움이 된다. 이런 과정에서 여러분만의 비결을 찾아낼 수 있을 것이다. 여기서 찾아낸 방법은 훗날 다시 정리

정돈해서 앞에서 제시한 방법처럼 우선 순위를 정해서 습관으로 만들어 나가면 된다.

여러분이 원하는 성공과 부는 두뇌에서 나온다는 사실을 확신하라. 생각하는 것만으로 충분하지 않다. 당장 시작해보라. 나의 경험이 여러분의 앞날에 큰 도움이 되었으면 한다. 철저히 상대방의 장점과 특기를 훔쳐서 자신의 것으로 만드는 것이 성공의 핵심 포인트임을 기억하길 바란다.

KI신서 534

두뇌가동률을 높여라

1판 1쇄 발행 2003년 11월 10일
1판 13쇄 발행 2010년 5월 18일

지은이 공병호 **펴낸이** 김영곤 **펴낸곳** (주)북이십일 21세기북스
편집 변지영 **마케팅·영업** 최창규 김보미
출판등록 2000년 5월 6일 제10-1965호
주소 (우413-756) 경기도 파주시 교하읍 문발리 파주출판단지 518-3
대표전화 031-955-2100 **팩스** 031-955-2151 **이메일** book21@book21.co.kr
홈페이지 www.book21.com

값 9,000원
ISBN 978-89-509-0600-9 13320